JN107575

FULL

TRANSLATED BY
SATOMI MATSUMARU
サンマーク出版

POWER

BENJAMIN HARDY

FULL POWER

ベンジャミン・
ハーディ
松丸さとみ 訳

科学が証明した自分を変える最強戦略

WILLPOWER DOESN'T WORK
DISCOVER THE HIDDEN KEYS TO SUCCESS

FULL

BENJAMIN HARDY
TRANSLATED BY
SATOMI MATSUMARU

WILLPOWER DOESN'T WORK

Copyright © 2018 by Benjamin Hardy

Japanese translation rights arranged with
Benjamin Hardy c/o Sterling Lord Literistic, Inc.,
New York through Tuttle-Mori Agency, Inc., Tokyo

環境を作りコントロールしないと、
環境に作られコントロールされてしまう。

――マーシャル・ゴールドスミス

はじめに　意志力が役に立たないわけ

意志力など役には立たない。

正直に答えてほしい。あなたはこれまで、その到達点が何であれ、もっと自分の人生をより良いものにしたいと数え切れないほどの努力をし、そして数え切れないほど、もどかしい思いで振り出しに戻ってしまったはずだ。

意志の力を振り絞って悪習慣を断ち切ろうとしたものの、いつものパターンに戻ってしまう。

新年の誓いを立てたのに、2月になる頃にはすべてが去年と同じ状態に元どおり。

それまでの人生を変えてしまうほどの大きな目標を立てて取り組んでも、ふと気づくと達成にはほど遠い……そうやって何度も失敗を繰り返すと、「目標を達成できない原因は自分にある」とつい結論づけてしまうものだ。

自分は、目標達成に必要なもの——ガッツ、心の強さ、そして意志力など——を持ち合わせていないのだ、と。

もしかしたら、目標など諦めて今の生活で妥協したほうがいいのかもしれない。

でも、**その評価がまったくの見当違いだったら**?

目標を達成できないのは自分のせいではまったくないとしたら?


誰もが経験あるであろう「ダイエット」を例にとってみよう。

世界中でかなり多くの人が、痩せようと努力している。**にもかかわらず、体重はむしろ増えている**。はやりのダイエット術やジム通いに労力をつぎ込んでいるのに、果たして効果は出ているだろうか?

複数の医療専門家の予測によると、2025年までに地球上の全人口の半数以上が肥満になるという。そして悲しいことに、**一生懸命がんばっている人ほど、体重を減らすのに苦労している**。

世界的な肥満の問題は、「遺伝」「性格」「意志力の弱さ」「悪習慣」など様々な説明がつけられる。しかし肥満が伝染病のように蔓延しているのは、そんなことが原因ではない。

原因は、急激に変化している**「環境」**にあるのだ。

スマホからも、コーヒーからも離れられない

1800年代後半から1900年代前半にかけて、世界では産業化が進み、おかげで

人々は農場を離れ都市部へと移っていった。ここ100年で、人は屋外で働くのではなく、「室内」で座って仕事をするようになった。また、ほとんどの人が、その土地で取れた食物ではなく、「加工食品」を食べるようになった。

産業革命は確かにものすごい環境変化ではあった。しかしこの変化を今のグローバルな環境へと加速させたのは、1980～1990年代に始まった情報とテクノロジー革新の時代だ。技術の向上は今、飛躍的なスピードで進んでいる。しかし、**この環境を形作っている変化に適応できる人間は、ほとんどいない**。

多くの人が、急激な環境変化の犠牲になっている。新しいルールに則った新しい世界で自分を律することができずに、**様々な中毒に屈している**のだ。「テクノロジー」中毒に加え、炭水化物や糖分を多く含む「食べ物」や「カフェイン」、「仕事」といった〝刺激物〟に中毒している。

こうした「文化的には受け入れられている刺激物」同士が互いを刺激し合い、そのおかげで人は常にストレスと睡眠不足に陥ってしまっている。つまりほとんどの人は、そのときそのときを生きながらえようとするだけの〝サバイバルモード〟になっているのだ。

依存状態が当たり前になっている――**そんな自分の人生をコントロールしたいなら、その方法に意志力を選んではいけない**。私たちの環境には障壁がありすぎる。

依存症の専門家、アーノルド・M・ウォシュトン博士は、次のように述べている。**「依存症患者には意志力が必要だと考える人が多いが、それは真実にはほど遠い」**

サバイバルモードから抜け出したり、文化的には受け入れられている依存症を克服したりする鍵は、さらなる意志力を発揮することではない。意志力など、もうとっくに失われてしまったはずだ——**朝目覚めて、スマートフォンに夢中になった時点で。**何千という選択肢を与えられた時点で。

変わろうとして歯を食いしばりながら努力しても、効果などありはしない。これまでだってなかったはずだ。

代わりに必要なのは、環境を自分で作り出し、それをコントロールする力だ。

意志力など役に立たないわけ

「意志力」つまり「内的または外的な障害に反して自由意志を発揮する力」が心理学の世界で頻繁に取り上げられるようになったのは、つい最近のことだ。

しかし、その研究がかなり強引に進められてきたことはご存じだろうか。

アメリカ心理学会が毎年行っている「アメリカのストレス」調査によると、目標を達成できない最大の理由によく挙げられるのは、〝意志の力が足りない〟というものだ。世界中の研究者たちは、人はいかにして意志力を身につけられるのか、そしていかにして意志力の枯渇を乗り越えられるのかを研究している。

しかしはっきり言ってしまうと、**意志力とは、自分が人生で何をしたいのかまだよくわからない人のためのもの**だ。

もしあなたが何かをするのに意志力が必要なのであれば、そこには明らかに、次のような葛藤が内在する。

クッキーを食べたいけど、健康的でもいたい。
仕事に集中したいけど、ユーチューブの動画も見たい。
子どもたちの相手をしてあげたいけど、どうしてもスマートフォンを見てしまう。

心理学の研究によると、意志力とは筋肉のようなものだ。有限なリソースであり、使用とともに消耗していく。その結果、骨が折れるような忙しい1日が終わる頃には、意志力という筋肉は疲弊してしまい、あなたは意志力をまとわない無防備な裸になってしまう。

夜中のつまみ食いや時間の無駄遣いをしないよう自分を律する力は残っていない、というわけだ。

たしかに、意志力に関する研究でははっきりと、人間の行動とはどのようなものかが説明されている。とはいえそれは、**「表面レベル」だけの話**だ。何かをするのに意志力が必要になるというのには、次のような根本的な理由があることは知っておいてほしい。

- 「自分が本当に何を求めているか」わかっていない。そのため心の中に葛藤が存在する
- 「目標に対する欲求」「なぜ」という動機）がそこまで強くない
- 「自分自身」と「自分の目標」に投資できていない
- 「目標に相反する環境」にいる

この4つの整合性が自分の中で取れたとき、あなたの内なる葛藤は終わる。

つまり、意志力を使わなければいけなかった問題に関して、もう心の中で決断は下されたことになるのだ。そこに疑問を挟み込む余地はない。

あなたは心の底から何かを達成したいと思っているだろうか？

それとも口先だけだろうか？

どっちつかずで、まだ決意できない？　それとも心づもりは決まっただろうか？

はっきりと心が決まるまでは、意志力を使いつつ最小限しか進めないことになるだろう。

「どこにいるか」で人の能力は決まる

目標の実現に向けて自分の決意にコミットするということは、こういうことだ。

- 事前に「投資」する
- 「公言」する
- 「期限」を設定する
- 「フィードバックをもらえる仕組み」や、「自分が責任を負える仕組み」をいくつか作る
- 「自分の決意に反するもの」はすべて環境から取り除くか変更する

本当の意味でのコミットメントとは、自分の中にある内なる決意や意志の強さだけに頼ることではない。**目標の外周を防御システムで固めてしまう**ということだ。つまり、**「目標を確実に達成できる環境」を自分で作り上げる**のだ。これで、すべての準備が整ったこ

とになる。

ここまで準備が整えば、今のあなたにとって、心の底から求めてやまない目標に向かって行動を起こす以外に選択肢はない。さもなければ、あまりにも多くが無駄になってしまうだろう。

私たちは、環境に適応する。そのため、個人レベルで意識的に進化していくには、環境を意図的にコントロールして、なりたい自分を形作ってくれる環境を構築する以外に道はない。

人生にあるものはすべて、自然で有機的な働きの中にあることを忘れてはならない。私たちは自分が選んだ環境に合わせて適応し、進化していく――**環境があなたを作る**のだ。変わりたいなら、自分の環境を変えよう。意志力でなんとかするなんて考えは、もうやめよう。

場所と「目的」を合致させる

このような考え方は、自己啓発本に載っているアドバイスの多くに反する。

自己啓発でよく見るアドバイスは、「自分のために何ができるかを考え、自分に焦点を定めよう」というものだ。確かに道理は通っている。というのも、この社会は非常に個人主義的だからだ。状況や背景を無視して、自分だけを考えるよう条件づけられている。しかし、「環境デザイン」という視点に立てば、世界は違って見えてくる。

環境デザインとは、**成功せざるを得ないような状況を作り出す**ことを指す。

たとえば仕事に集中したいなら、「気が散ってしまうようなもの」は物理的にもデジタル的にも仕事環境からすべて取り除かなければいけない。

健康的な食生活を送りたいなら、自宅にある「不健康な食べ物」をすべて取り除く。

クリエイティブなインスピレーションを得たいなら、「都会」から1～2日離れてリラックスする。

モチベーションが欲しいなら、今よりも多くの「責任」を背負い、成功と失敗どちらのリスクも上げる、といった具合だ。

環境デザインを重視する人は、**人の内と外の世界は必ずしも明確な境界線で分かれているわけではない**と理解している。

たとえば心理学の研究では、内因的なモチベーションと外因的なモチベーションは区別される。しかし現実としては、内面と外面は互いに作用し合う。たとえば付き合う人たちを変えるなどして自分の環境を変えると、自分の考えや感情も変わるものだ。

こうした内面的な変化によって自分の価値観や願望が変わり、そのため今度は自分の外の環境をさらに変える必要性が出てくるようになる。

つまり**環境に変化を加えることで、自分の姿を積極的に形作っていくことができる**のだ。

自分の世界観は、外から入ってくるもの（受け取る情報、付き合う人たち、訪れる場所、経験することなど）を自らの手で積極的に形作っていくことで構築されるものだ。**とはいえほとんどの人は、自分の環境に対して何も考えず反射的に行動している。**そのため、効率の悪い行動や被害者マインドへと続く世界観を無意識に作り出してしまう、というわけだ。

時代と地理が「個人の思想」を似通わせた

ここで、まさにその「環境」の定義について説明しておきたい。

厳密にいうと私たちは誰もが、内的環境・外的環境・対人環境を持っている。しかしわかりやすくするため、**本書において「環境」とは、内的なものではなく外的なものを指す。**

たとえば「あなたの環境」と書いた場合、あなたの周りに物理的に存在するものやあなたが人間関係を構築する相手、受け取る情報、口にする食べ物・飲み物、聴く音楽などが含まれる。

外側の環境は、内側の環境を形作る。

もっとわかりやすく記せば、**あなたの世界観、信念、価値観はあなたの中から湧いてきたものではなく、「外からやってきた」**ものだ。

1950年代にアメリカ南部で育った白人であれば、その世界観はその視点から形作られたものだろう。中世ヨーロッパで育った人であれ、共産主義の北朝鮮で育った人であれ、もしくはデジタルネイティブとして2005年に生まれた人であれ、同じことがいえる。

人の目標、信念、価値観は、「暮らしている文化的背景」によって形作られるのだ。


そう考えると、**今の環境は、かつてないほど厳しくストレスに満ちたものになっている。**

しかしだからといって、環境は決してあなたの敵ではない。

欧米文化、とりわけ心理学や自己啓発の分野において、環境はこれまで悪者にされてきた。こうした分野にいる人たちがおそらくもっともよく使うフレーズは、次のようなものだろう。「環境に作られた自分ではなく、自らの選択が作り上げる自分になろう」

表面的には、かなりいいアドバイスのように聞こえる。しかし同時に、**世間知らずで不正確なアドバイス**でもある。

多くの自己啓発本で記されるように、人生とは確かに、自分が考えたものや選択したものの産物だ。しかし、**そうした考えや選択肢は一体どこから来るのだろうか？**

どこからともなく勝手に沸き上がってくるわけではない。自分の心にある庭園は、自分の環境にある特定のもの――たとえば読んだ本や蓄積された経験、付き合う人たち――を植え込むことで、自分自身が形作るのだ。

これから本書で示すとおり、**環境を自らの手で形作ることで、自分の考えや行動も間接的に形作っていくことになる。**さらに、普通の状況では選択肢にさえもできないような、理想的な行動を取ることができる環境も作れるようになる。自分で自分の環境を作ると、自分の考えや選択肢をもっと良い方向にコントロールできるようになるのだ。

そのため、「環境」や「状況」を敵に回すのではなく、自分が人として本当に変われる唯一の手段は、実は環境作りなのだと気づくことが大切だ。

新しい情報、新しい人間関係、新しい経験は、自分が変わるための手段だ。人生という豊かな庭園を作るには、自分の環境の中から適切な種を集めて蒔かなければならない。

様々ある環境のほとんどは、「注意散漫かつ満たされないバージョンのあなた」を作ってしまうものだろう。

しかし、だからといって「環境」や「状況」をすべてなくすというのは不可能だ。それだけでなく、成長したいのであればそれは愚かなことでもある。**環境は、あなたの最善の友にもなり得る**のだ。

本書を読み進めていけばおわかりいただけるとおり、あなたと環境は一体なのだ。

「強制収容所」でさえ慣れてしまう

自己啓発でよく見られる解決法——意志力を使うことや自分の態度を変えること。ネガティブで苦しい環境に対峙する場合が多い——とは異なり、目的を持って環境を形作れば、飛躍的かつ劇的な変化を遂げることができる。

自分が環境を選べば、これまで自分がやってきたことの10倍、いや100倍の力を要するような状況へと自分を積極的に導くことができる。

どうすればできるのだろうか?

成功の秘訣は、「大変な努力を要する状況」を作り、注意を払いながらそこに適応していくことだ。進化論で有名なチャールズ・ダーウィンはこう言った。

「生き残るのは、もっとも強い種でも、もっとも賢い種でもない。もっとも変化に適応できる種だ」

実のところ、**人は驚くほど早く、ひとつの環境から別の環境へと適応できる。**人間の適応能力は非常に高いのだ。

たとえば、オーストリアの精神科医ヴィクトール・フランクルは著書『夜と霧』の中で、ナチスの強制収容所での経験を振り返っている。**1台の小さなベッドに10人が一緒に、しかし〝快適に〟寝ていた**という経験だ。フランクルはこう書いている。「そう、**人はどんなことにも慣れてしまう**。どうしてかはわからないが」

別の環境への移行がどれほど大変でも、そしてフランクルのようにその環境がどれだけひどいものでも、人には適応する能力があるし、実際に適応する。世界中のほとんどの人はネガティブな環境に適応するが、あなたは自分が選んだ環境に適応することだってできるのだ。

本書では、目的に向けた環境を「どうやって」作るかをお教えする。また、「なぜ」環境が人を形作るのかも説明していく。

中でも本書が一番お伝えしたいのは、人は大きくも小さくも変われるということだ。あなたは、凝り固まって孤立した、変化のない存在ではない。心理的、知的、そして感情的に、**あなたの中にある「育てられる部分」は、あなたの「持って生まれた本質」よりもずっとすぐれている**のだ。

そして育てられる部分に対する全責任は、あなた自身にある。

つまりあなたは、なりたい自分になるべく自分を導くことができるのだ。

本書を読み終える頃には、言い訳はすべて通用しなくなっているだろう。自分が前に進めない理由を、ＤＮＡのせいにも、過去のせいにも、他のどんな理由のせいにもできなくなる。

しかし、本書を閉じる頃にはむしろ、あなたは「環境が自分を作る」という原則を理解して、環境を作り上げるための戦略を身につけているはずだ。

そしてその環境とは、究極的には「自分自身」を作ってくれるものなのだ。

FULL POWER
科学が証明した
自分を変える最強戦略

目　次

Part 1 人間は「環境」の産物

1章 科学が存在を認めた「場所」の効果

経済的ステータスさえ「居住地」次第

2章

「遺伝子」にすら影響が及ぶ

高い目標設定も、てんで役に立たない

3章 これが「最有効戦略」だ
必要なのは「強ストレス」と「強回復」

Part 2

意志力に頼るのをやめる

4章 ねらって「至高状態」になる

リカバリーに徹する「一時離脱」

5章
「神聖な場所」を作る
宗教、というより「修正作業場」としての

6章
すべてを「整理整頓」せよ
悲しき「収集癖」を乗り越える

7章 最初から「悪い選択」がないようにする
環境に自分を「設定」し直してもらう

8章
「サボタージュ」に反旗を翻す
「折れない心」はない。ならどうする？

Part 3 「外的力」で驚異的なブーストを図る

9章 能力の底上げが「不可避」な状況
「門限」が至るところにある

10章

「つらい経験」がないとダメ
「スポンジ」のように学べる人になる

11章

「やる気」を外から取り込む

モチベーションさえ環境が生む

12章

ニュー・ワークルール

「オフィス」だから仕事ができない？　新・労働環境論

13章

「誰といるか」が極めて重要

「世界観」が音を立てて変わる

14章

「古巣」は偉大

家系・創業史・ルーツ……歴史を知る人ほど有能な傾向

10年間の研究の結論

もっと効果的に、永続的に、自分を変えるには

装丁　水戸部功
本文デザイン　荒井雅美（トモエキコウ）
DTP　山中央
編集協力　株式会社鷗来堂
編集　梅田直希（サンマーク出版）

Part 1

人間は「環境」の産物

Your environment shapes you

1章 科学が存在を認めた「場所」の効果

経済的ステータスさえ「居住地」次第

歴史家のウィリアム・デュラントは、40年にわたって世界の歴史を研究し、その成果を11巻の傑作『The Story of Civilization』(『文明の物語』、未邦訳)に記録した。ここにはなんと、人類が生まれて以来の歴史がすべて網羅されている。デュラントは、人類史を決定づけるようなすばらしい瞬間を取り上げただけでなく、世界でもっとも偉大かつ影響力を持った人たちについても研究した。

膨大な年月をかけて研究し、慎重に資料を読み込んだ結果、デュラントは驚くような結論に至る。歴史とは、偉人たちによって作られるものではないと。歴史とは、誰かが現れて自分の型を押して残していく粘土のようなものではないと。

実は歴史とは、「偉大な人物」によって作られるものではなく、「困難な状況」によって作られる――これがデュラントの結論だった。

すばらしい何かを作るもっとも重要な材料はたったひとつ、「必然性」だとデュラントは発見した。特定の誰かの才能や、ひとりの指導者のビジョンではないのだ。

性格が悪いのに「拾った財布」を返す――リサイクルもする

多くの人にとって、これは耳が痛い話だ。

というのも、〝社会〟として私たちは個人に執着し、その人物を作ってきたバックグラウンドを無視しがちだからだ。すばらしいことや不可能なことを成し遂げた人物を取り上げた映画では、その人のカリスマ性や才能が強調される。私たちは、英雄神話の普遍的なパターンである「ヒーローズジャーニー」を信じているのだ。

ヒーローの才能は生まれ持ったものなのか、学んだものなのか、もしくはパフォーマンスを促進する薬物のおかげというケースもあるのか、などと私たちは気になってしまう。書店には、自分自身がスーパーヒーローになるために必要な特性（意志力やガッツ、そして自尊心や自分を律する力など）を書きたてた本が溢れている。

個人主義のこの社会では、「環境は、自分から切り離されて存在する、自分とは別のものだ」と私たちは（意図的にせよ無意識にせよ）考えている。どういうわけか、私たちは環境からは何も影響を受けはしないと思っているのだ。

しかし本当のところは、あなたとあなたの環境は2つでひとつだ。**ある状況において、あなたが何者で何ができるかということと、別の状況であなたが何者で何ができるかということは、まったく異なるものとなる。**

にもかかわらず、それが実験室で出た結果であれ、私たち自身の実体験であれ、周囲の状況から切り離して分離してしまうのが欧米的なやり方だ。私たちは、物事をそれぞれ箱に入れてしまい、物事の間に存在する相互作用を見逃してしまう。

こうした個人主義的な世界観は根が深い。他の見方をしたり、これが全体像ではないかもしれないと理解したりすることすら、非常に難しい。

心理学者のティモシー・ウィルソンはこう話す。

「人の行動は、その人の性格や考え方から来るものだと思いますよね？　拾った財布を持ち主に返すのは、〝正直〟だから。ごみをリサイクルに出すのは、〝環境を気遣っている〟から。キャラメル・ブリュレ・ラテに5ドルも払うのは、〝高いコーヒーが好き〟だから。しかし**多くの場合、それは周囲からのかすかなプレッシャーによって形作られているのです。でも私たちは、プレッシャーがかかっていることにすら気づけません。そのため、自分の行動は自分の内側からやってきたものだと勘違いしてしまう**のです」

凡人が持てる「倍」の力を出す

不幸なことに、極端な個人主義に代わり票を集めているものに、「完全決定論」［訳注：人の意志や行動はすべてあらかじめ完全に決められているとする考え］がある。人は個々人の意志や行動主体性を持たずに、ロボットのように動いているという考えだ。

本書が主張するのは、こうした極端な見方はどちらも見当違いで危険だというものだ。間違いなく、人は誰もが自分の環境によって形作られている。とはいえ、誰もがまた、自分の環境を作り出してコントロールする大きな力を備えていることも忘れてはならない。その環境は結局のところ、自分を形作ることになる。

デュラントの「偉大なものを作るのは環境である」という理論に対し、あるインタビュアーは次のように反論した。「スコットランドの歴史家、カーライルが信じていたように、人類史を作ったのは主に、特定の個人、天才、偉人、ヒーローだったのではないですか？」

本書の土台を支えているのは、これに対するデュラントの答えだ。

「**ヒーローとは、ヒーローという存在だから生まれた結果ではなく、〝状況が生み出したもの〟**だ。差し迫った必要性があれば、人は並外れた能力を発揮する。（略）ヒーローの役割とは、自分が持てる潜在能力をすべて発揮しなくてはならないような〝状況に立ち向かうこと〟だ。（略）**状況に求められれば、平均的な人でも倍の能力を発揮できる**と私は思う」

「住んでいる州」が経済状況を規定する

デュラントという歴史家が裏づけに乏しい憶測をしていたわけでないことは明らかだ。「歴史を形作ってきたのは、その時々の状況である」というデュラントの洞察は、**最近になって科学的に確認された。**

ハーバード大学のエコノミストであるラジ・チェティ博士とナサニエル・ヘンドレン博士が行った「機会均等プロジェクト」という研究を見てみよう。このプロジェクトは、アメリカで人はどれだけ自分の経済状況を改善できるのか、という可能性を地図に落としたものだ。

結果は、絶望的で衝撃的なほどに明白だ。**人が社会経済的なステータスをどれだけ改善できるかは、住んでいる州、さらには住んでいる郡に大きく依存**する。努力次第で経済状況を改善できるという郡も一部にはあるが、それ以外の郡では**その可能性は小さく、ゼロ**

に近い。

積極的に〝場所〟を変えていかない限り、自分が生まれた環境が、残りの人生に多大な影響を直接的に及ぼすのだ。

「友達の友達」の影響を受ける（体重すら）

著作家であり講演家でもあるジム・ローンの有名な言葉「**人は、一緒に過ごす時間がもっとも長い5人を平均した人物である**」が正しいと証明した研究も複数ある。偶然なことに、**人は5人の友達がそれぞれ一緒に過ごす5人の平均でもある**。たとえば、もしあなたの友達の友達が太れば、あなたの体重も不健康に増えてしまう可能性が急に高まるのだ。

これは「負の二次的つながり」と呼ばれ、**負の一次的つながり（もっと直接的なつながり）よりも危険なことが多い**。というのも、一般的につながりが見えにくいために、予測できず脱しづらいからだ。

例を挙げよう。人は自分が口にする食べ物だけでできているわけではない。その食べ物が食べるものからもできている。最近、家畜にもっと良質でオーガニックな栄養を与えようという動きが起こっているのはそのためだ。

環境は、人生のあらゆる面を作り出す。「収入」から「価値観」、「ウエストの太さ・細さ」から「趣味」に至るまで、すべてだ。

本書全体を通じて説明していくが、あなたの潜在能力はあなたの周辺環境によって形作られる。あなたが抱くあらゆる考えは、あなたがそれまでに触れてきたものからやってくるのだ。あなたがどういった人物になるか、そして人生をどう過ごすかは、あなたの周りにいる人たちや、あなたが消費する情報の質に左右される。**入ってくるものがごみであれば、出て行くものもまたごみ**なのだ。

また、デュラントの考えのように、**自分がいる環境から何を求められるかによって、人は立ち上がったり、縮こまったりもする。**ほとんどの人は能力を発揮せずに控えめに暮らしている。それは生まれつきの才能がないからではなく、**才能を発揮するよう求められるような環境にいないから**だ。「今の自分以上を求められる立場」にいたことがないのだ。

引っ越しで「7歳児の識字能力」が上がった

環境のパワーについて、私は単に知識として書いているわけではない。このテーマについて私は日々研究し、経験し、驚かされている。環境のパワーは、エネルギッシュに生活していくうえで、私の戦略の中核をなしているといえよう。

2014年8月、私は大学院で心理学を学ぶため、妻のローレンとサウスカロライナ州クレムソンに越してきた。当初は、大学院で「意志の力」について研究するつもりだった。しかし、大学院での研究や、自分で行った調査、そして里親として3年間子どもを育てた個人的な経験から、私の物の見方は変わっていった。

「里親になったこと」それに「引っ越し」は、環境が私たち人間にどんな影響を及ぼすか、それを理解するうえで非常に役立った。

養子に迎えた子どもたちは、私たちが住んでいたクレムソンに隣接する郡で生まれた。その郡は、**「収入を上げられる可能性が9%」**という、雇用や仕事のチャンスがほとんどない非常に貧しい地域だった。里子に関する法的な理由から詳しくは書けないが、子どもたちの家は理想とは言い難いものだったことは確かだ。

明るくて頭がよく、思いやりに溢れたこの子たちがもし生まれた環境にとどまっていたら、運を上げ、満ちたりた人生を過ごせるようになる可能性はほぼなかっただろう。

しかしラジ・チェティ博士とナサニエル・ヘンドレン博士は次のように書いている。

「『社会的レベルの向上に対して、何かしら打つ手はある』ということをデータは示している。**子どものときに1年でも多く、良い環境で過ごすことが重要**だと思われる」

子どもたちを迎え入れたとき、この子たちが私たち夫婦とまったく別の世界からやってきたのは明らかだった。5歳の子は10まで数を数えることができず、また自分の名前の頭文字もわからなかった。7歳の子は字を読めず、ただ暗記した言葉をところどころ間違えながらなんとか読み進められる程度だった。どの子もひとりで寝られず、調子が悪いときは薬が欲しいとせがんだ。

生活の変化は、控えめにいっても大変なものだった。子どもたちと私たち夫婦という2つのまったく異なる世界がぶつかり合い、私たち家族は力ずくで、まとまった新しいひとつの集団となった。ローレンと私は、里親として3年でかなり変わらなければならなかった。その場その場で親業を学ばなければならなかったし、これまで経験したどんなことよりも忍耐力が求められた。生活やスケジュール、優先順位は、子どもたちに合わせて組み直さなければならなかった。

とはいえ、**これは私たちがまさに求めていたもの**だった。新しい状況で必要性に駆られ、もっとやさしく思いやりのある人間へと進化せざるを得なくなることはわかっていた。**私たちは意図的に、自分たちを形作ってくれる環境を作り上げた**のだ。

子どもたち、そして私たちは一緒に、劇的な変化を遂げた。子どもたちは、うちに来てから通い出した、これまでよりも厳しい学校でいきいきと過ごしている。スポーツや課外活動にも参加している。過去3年間で国内30州以上を訪れ、世界観を大いに広げ、存在することさえも知らなかったような、様々な環境に触れている。

ここ1年近く、子どもたちは精製された砂糖を取らない食生活を続けている。おかげで体質が変わり、自信がつき、学習や睡眠の質が向上し、落ち着けるようにもなった。**我が家に来てから毎晩、平均12時間の睡眠を取るようになった**。私たちは毎晩1時間近く、読み書きや算数をマンツーマンで子どもたちに教えている。

「人生は思いどおり」はどの程度本当か――嘘とも真実とも言い切れない

非常に大切なことなので、今のうちに「自由意志」(人生は完全に自分の意志で描けるという考え方)と「決定論」(「自由意志」の逆)について話しておきたい。

中には、自由意志を信じている人もいれば、「人生は遺伝子などの外的な要素に完全に決められている」と信じている人もいる。

いくつかの理由から、**これらの見方はどちらも間違っている**。

まず「完全に自由」な意志など存在しない。もし存在するのなら、空を飛んだり、身長3メートルになったりしたいところだが、そんなことができないのは明らかだ。たとえば重力のような、外的な可変要素もある。そういった要素が私たちの行動を制限することは明らかだろう。

逆に、「人は人生を決めたり選択したりといった意志や働きを持っておらず、ロボットのように何も考えずに行動するだけの生き物に他ならない」という決定論を信じている人も多い。私たちの行動は、自分がいる状況に形作られ、左右されるものではある。**しかし、どんな状況の中にも、ある程度の可能性が存在するのも事実**だ。

たとえ何かしら特定の行動を取るように条件づけられていたとしても、別の行動を取ることだってできる。「自分の命をかえりみずに他者を助ける」という利他的な行動を予期せずに取る人だっているではないか。一か八かというとき、人はどんな行動だって取れる（こうした事例は本書を通じて示していく）。そのため、**確固とした確信または欲求が高まれば、習慣や条件に反する行動を取ることも可能**なのだ。

つまり、「自分の周辺環境を作り直せば、人生の方向性を変えることができる。とはいえ、可能性は無限にあるわけではなく、自分がいる状況によって制限を受ける」ということだ。

山に住むために「低身長」になった

完全な自由意志でも完全な決定論でもなく、「その状況に沿った行為主体性」は誰もが持ち合わせている。もっとはっきり書けば、**人がどんな行動を取れるかという可能性は、その人がいる状況によって異なる。**

社会心理学者のジェフリー・リーバー博士によると、私たちは「物理的な世界の中、物理的な体を持ち、特定の文化的・地理的な場所に存在する家で、特定の両親のもと、あるひとつの時代に暮らしている。私たちはこうした物事から切り離された存在ではなく、またそれらによって何かの行動をさせられているわけでもない。しかしそれでも、**こうした物事によって私たちの選択肢は狭められている**」という。

同じ「自由意志」を持っている人はふたりといない。というのも、まったく同じ状況に身を置いている人などふたりといないからだ。

私たちが周りの状況から切り離されて存在するなどということは、絶対にあり得ない。たとえば、あなたは重力から切り離されているだろうか？　もちろんそんなことはなく、「重力の制約」を受けている。しかしそれでも、あなたは重力から生じた存在ではないはずだ。

では空気はどうだろう。あなたは空気から切り離されているだろうか？　そんなわけはない。ペルーの山岳地帯は空気が薄いため、そこで暮らす人たちは世界のほとんどの地域の人たちと比べ背が低いほうだ。つまり、空気は特定の制限を作り出すが、それにどう適応するかを決めるのは人間ということだ。

ここで考えてみてほしい。あなたは、自分が生まれた場所、今住んでいる場所の文化的背景から切り離された存在だろうか？　自分が話す言語から切り離された存在だろうか？

ハーバード大学教授の問題提起——従来の「環境論」の穴

中には、こうした質問を悲観主義だとか限定的だと思う人もいるだろう。しかしそんなことはない。こうした質問は、きわめて現実的だ。とくにグローバルな世界では、私たちはこれまでにないほど「相互依存の関係」に身を置いている。

たとえば、私は今これをノートブック型のパソコンで書いているが、このパソコンはもちろん私が組み立てたものではないし、私には組み立てるための知識やスキルもない。そして今、コストコで買ったテーブルと椅子に座っている。どちらも、私が自分で作ったわけではないし、自分の手で作りたいとも思わない。私の体は、店で買ってきた食べ物で満たされているが、その食べ物を流通させるには大変な労力と調整が必要だ。

私は自分の環境に依存しており、様々な面でその環境によって定義されている。

しかし良いこともある。**環境は、あなたも私も、自分でかなりコントロールできる**ということだ。

環境を変える能力がなければ、自分を変えることはできない。そしてひとつを変えれば他方も変わる。

ハーバード大学の心理学者エレン・ランガー教授は、こう話す。「社会心理学者は、あるときの自分が何者であるかは、その時点で自分がいる状況に負うところが大きいと主張する。**しかしその状況は、誰が作るのだろうか？**　私たちは周囲に注意を払えば払うほど、自分の周りの状況を作り出し、変化の可能性を信じることができるものなのだ」

ということで、自由意志か決定論かが問題なのではない。自分の選択か環境かという話でもない。そうではなく、「選択であり環境」なのだ。もっとはっきりいえば、**「環境をどう選択するか」**が鍵なのだ。

あなたの人となりと運命を作ることになる環境を選び、形作っていく責任は、あなたにある。環境をデザインすることは、あなたにとって最大の責任なのだ。

「デート」が気を大きくさせる

心理学者たちは長い間、心と体には一方通行の関係しかないと考えていた。「心が向かうところに体がついていく」と考えていたのだ。

しかし最近の研究により、その関係は双方向のものだということがわかってきた。そう、**心が体に影響を与えられるのと同じように、体もまた心に影響を与えられるし、指示することもできる**のだ。

心理学者ダン・アリエリーの研究を考えてみよう。アリエリーは著書『ずる――嘘とごまかしの行動経済学』（早川書房）の中で、**「自己シグナリング」**というコンセプトについて説明している。私たち人間は、「自分が思っているほど自分をよくわかっていない」という概念だ。**実際に私たちは、自分や自分の性格を、他の人が私たちを判断するのと同じように判断する**。つまりアリエリーがいうところの、「自分が何者か、どんな人物かは、自分の行動から推測するしかない」のだ。

あなたの人となりが、あなたの行動を決めているのではない。それどころか、**あなたの行動があなたの人となりを決めている**のだ。あなたはある行動を取ると、その行動をもとに、自分自身を判断する。

つまり、**単に行動を変えることで、自分のアイデンティティをすばやく変えることができる。**

自分の心理に明らかに影響するとわかっている行動を意図的に取ることは、心理学者の間で**「予知」**〔訳注：pre-cognitionで、「事前の認知」という意味〕と呼ばれている。非常にシンプルな話で、特定の行動を活用することで意図的に、心の中で何かを引き起こしたり、操ったり、予期したりできるということだ。

たとえばモチベーションを感じたいなら、数秒間両手を思い切り叩いたり、家の周りを全力でダッシュしたり、冷たいシャワーを浴びたりすればいい。

誰かをデートに誘えば、その結果がどうであれ、「自分はリスクを恐れない人間だ」と感じることができるだろう。

このようにして起きた心理的な変化はその後、将来的に何かを決める際の決断にも影響を与えることになる。

心と体が双方向の関係であるように、自分と環境もまた、双方向の関係だ。

人は主に、環境が「トリガー」（誘因）となって、ある心理状態となったり、感情を抱いたりする。そのため、特定の環境にいるときや特定の人のそばにいるときに、自分がどんな感情を抱くことになるか、予期することができる。

たとえば私の場合、それまでに行ったことがなかったような新しくて興味深い場所で、すばらしい人たちに囲まれていると、刺激を受けてモチベーションが高まる。スピリチュアルな場所にいると、自然と物思いにふけるし、謙虚な気持ちになることも多い。

予知とはつまり、現在の環境を形作っていくことで、将来の自分の心理状態を予測したり、作り出したりできることの証明なのだ。

信頼は「新車」で買える

ネイトという名の私の友人は、不動産業者として成功を収めている。

ネイトは、自分の環境に手を加えたら人生はどう変化するかを探るために、ちょっとした実験をしてみることにした。

年収は6桁（数十万ドル）だが、ネイトは非常につつましい男だ。ボロボロになった1990年代製のトヨタ・カムリに何年も乗っていた。調子はいいし燃費もすばらしかったが、この車では、ネイトの見込み客に安心してもらえる環境は作れなかった。

そこでネイトは、「車のアップグレードが、自分のビジネスにどう影響するかを確かめる」という実験をすることにした。**高級電気自動車テスラにカスタム仕様を施したものを、11万ドル以上出して手に入れた**のだ。この投資をしてから1か月の間に、非常に興味深いことが4つも起きた。

①ソーシャルメディアで自分のテスラを紹介し、購入した理由を書いたところ、**フォロワーが急増**した。ネイトが身を置く不動産関係者からの友達申請は**2000件以上**あった。

②ネイトが手がける不動産関係の教材の売り上げは、**4倍に膨れ上がった**。売り上げ増加のおかげで、購入後わずか2か月で車の元が取れてしまった。この環境のおかげでネイトは今や、〝身近にいる権威的存在〟だと見なされるようになった。心理学の研究によると、**身近な権威的存在だと見てもらうのは、人に何かをさせるうえで最重要といえるトリガー**になる。

③新車のおかげで、ネイトの地域にいるもっとも有力な不動産投資家や不動産教材販売員がネイトに連絡してくるようになった。今やネイトは、**「信頼できる人物」**と見られていた。そしてこれまで自分のロールモデルと考えていたような人たちから、**プラ**

イベートのイベントへ招待されるようになった。

④ネイト自身の心理も変わった。**かっこいい車を運転していると、すばらしい気分になった。**自信はどこまでも高まっていった。

ネイトの環境の変化は、ネイト自身をも変えた。その環境の変化は、「高価な車に投資する」といったシンプルなことだったにもかかわらず、だ。

ネイトにとってこの投資が、もう後戻りできない**「帰還不能点」**［訳注：後に10章で詳述］となり、不動産の専門家として成功するという目標に取り組む姿勢が強化された。ネイトは自分の環境を形作ることで、自己充足的予言［訳注：ある状況を予期することで、無意識のうちにその予期に合った行動を取り、結果的に予期が現実になること］を意識的にリアルタイムで作り出していた。ネイトはある環境を作り出し、その環境が今度はネイトを作っていったのだ。

予知は、ネイトが急激に変わるための鍵となった。テスラを買う前には、果たしてどんな効果があるのか本人にもわからなかったが、ぼんやりと「新しい環境が自分の内面を変えるだろう」と予測はしていた。まさにそれが起こったのだ。

短い期間で、ネイトのアイデンティティと性格は変わった。その地域ですでにトップレベルの営業成績を誇ってはいたが、テスラを買った途端、あっという間にその地域で文字どおりトップセールスマンになったのだ。

当然ながら、誰もがテスラを買えるわけではない。しかし、これと同じ原則を適用できる方法は無数にあるはずだ。

たとえば、「いつもと違う服」を着るだけでも、気分は変わる。自信を感じたいなら、もっと服装に気づかってみよう。オーデコロンや香水をつけてみる。髪型を変えてみる。

外見をほんの少し変えるだけで、心に大きな変化を作り出すパワーになる。

その後、そうした心の変化を活用して、外側の環境をもっと良い方向へと前進させ、つまりは自己改革に向けた「上向きの良い循環」を生み出せるようになる。

「悪い仲間」のせいで悪くなる

それぞれの種は、「自然の環境」と「家畜化された環境」のいずれにおいても変化する性質をもって創られた。

――チャールズ・ダーウィン

チャールズ・ダーウィンの『種の起源』によると、進化には2種類ある。「自然によるもの」と「家畜化」によるものだ。

自然の進化、つまり自然の作用による進化は、種が環境の変化に反応して起こる。変化に一番適応できるものが勝つのだ。このタイプの進化は、あらかじめ計画されたものではなく、たいていは予測できない。環境の変化はすべて、種の変化へと通じる——無作為の進化だ。

一方で家畜化による進化とは、「人為的に選択した」特定の特徴（たとえば、スピードや美しさ、強さ、大きさなど）を生むべく、環境の要素が意図的に作り上げられた場合に起こる。前述の予知を考えてみてほしい。人はこうした特徴を求めて、動植物を繁殖させるものだ。**食用として家畜化された動植物は概して、人為的な環境に後押しされた結果、自然にいる同じ種よりずっと大きくなる。**

ほとんどの人は、動植物が自然の中で進化するのと同じように、進化していく。無作為かつ無計画に、何も意識せずに進化するのだ。自分たちの環境がどんなものであれ、それに反応していく。「最終結果を念頭に置き、そこから逆算して進める」などということはしない。

ヒトの進化が動植物のそれと似ているということは、似たものである動物とヒトの進化における大きな違いは、動物は環境からの影響を〝直接的〟に受けて作られる産物である一方で、ヒトは環境からの影響を〝間接的〟に受けて作られる産物だということだ。あらゆる変化は環境という媒体を通じて起こるが、人は自分が求めさえすれば、自分の身を置く環境を自らの意志で選ぶことができる。

ひとつ確実なことがある。あなたは環境から影響を受けて、この瞬間にも良くも悪くも進化しているということだ。

変化から逃れることはできない。反対に成長は任意で、自分の環境に注意を払わないと自分がなりたくもなかったものに意図せずなってしまうだろう。**注意を払わなかったことが、時に悪夢につながってしまうこともあり得る**。

高校時代からの友達を思い出すと胸が痛くなる。ここでは彼をマットと呼ぼう。わずか数年前まで、マットは幸せな結婚生活を送り、目標を持って仕事に励んでいた。それなのにマットは結局、結婚もキャリアもぶち壊してしまった。**エリックという「たったひとりの友達」からかすかな影響を受けていたことに、マットは気づかなかった**のだ。

マットは、エリックと週に数回会っていたようだった。2人は一緒にテレビゲームをしたり、映画を観たり、ジャンクフードを食べたりしていた。

マットにとっては、エリックと週数時間だけ「リラックス」することに何か問題があるようには思えなかった。そしてマットは、自分の環境がゆっくりとエリックの環境に浸食されているのに、気づくことができなかった。

エリックは気さくな性格なのだが、人生に対してかなり斜に構えており、ネガティブだ。暇さえあればテレビゲームをし、常に上から目線で、他人を悪く言うのが大好き。心の奥底でエリックは、他人を自分のレベルに引きずり下ろして喜んでいた。

マットとエリックが一緒に過ごしていた時期、私はアルバイトや大学の勉強で忙しくしていた。それでも半年に一度くらいは、マットとエリックと一緒に数時間を過ごした。

私はこの短い数時間でも、マットがわずかながら変わったことに気づいた。これまでより、いささか皮肉屋で悲観的になっていたのだ。

自分の奥さんについて話すとき、ネガティブな一言を付け加えたりもしていた。これまでは絶対使わなかったような、汚い表現や軽蔑的な言葉も時折使うようになった。マットのスマートフォンの壁紙（奥さんや子どもたちの目にもつく）は、いやらしい写真になっていた。

ここで注意しなければいけないのは、「マットの奥さんは、マットのこうした振る舞いを許す環境を作ってしまった」ということだ。むしろもしかしたら、奥さんは自分の外で起きている変化に反応しつつも、同時にその影響には気づけなかったのかもしれない。

それでも「他人の影響」を認めたくない

こうした変化は、劇的なものではなかった。実のところ、ゆっくりじわじわと**「5年」**かけて起こっていった。

とはいえ、本人が気づけなかったようなことでも、私からは一目瞭然だった。彼の中で起こっていた変化は、日々の違い（自分のことは毎日見るものだ）で見れば些細なものだった。しかし、半年を挟んだ前後で比べると、変化は歴然としていた。

結果的に、マットがエリックと付き合い続けるのであれば、おそらく奥さんと別れることになるか、人生をぶち壊すことになるだろうとは何年も前から予測できた。私から見れば、避けられないもののように思えた。

マットが自らを投じた環境は、〝良い夫〟そして〝良い父〟でいることに相反するものだった。私が密かに予測していたことは、本当に現実となってしまった。

人が人生のどこに向かっているかを予測するのは簡単だ。

環境は、あなたが何者であるかを周りやあなた自身に明らかにする。もしかしたら、あなたの内側にあるアイデンティティをもっともはっきりと示すのは、「外側の環境」かもしれない。

ここ数年でマットの人生に起きた変化について、マットは自分で意識的に選んだことだと言うかもしれない。**人は、自分の人生は自分がきちんとコントロールしていると感じたいのだ。**でももし5年前、「離婚して無職になっていたい?」とマットに問いかけたら、「とんでもない」と答えただろう。


マットは、自分の身に起きたことを計画したわけではなかった。自分の価値観や熱意を、友達だと思っていたエリックに知らないうちにこっそりと少しずつ壊されていたなんて、マットは気づけなかった。自分の環境には目的があったなんてことも、気づけなかった(どの環境にも目的はある)。

古代ギリシャ・ストア学派の哲学者プルタルコスの言葉を借りるなら、こうだ。**「足の不自由な人と一緒に暮らせば、足を引きずる方法を覚えるものだ」**

2章

「遺伝子」にすら影響が及ぶ

高い目標設定も、てんで役に立たない

南カリフォルニア大学の心理学者ウェンディ・ウッド博士によると、20世紀のほとんどの間、「人の行動を変えるには、その人のゴールと考え方を変えることだ」と科学者は信じていた。

ウッド博士は話す。「人の態度をいかに変えるかを理解することにかなり焦点を絞った調査が行われました。『態度が変われば、行動も自然と変わるだろう』との前提で」

こうした考えのもと、「いかに自分の態度を変えて、高い目標を設定するか」についての科学的な調査や一般向けの啓蒙活動が、数多く行われるようになった。

その結果、どうなったか？　**ほとんどの人にとっては、何も変わらなかった。**

デューク大学の心理学者デイヴィッド・ニール博士によると、**目標設定と態度だけに焦**

点を定めても、わずかな行動に対してしか効果は見られない。しかもそのわずかな行動には、「人前での講演」などあまり一般的でない行動が含まれる。

目標設定そのものに焦点を絞ってメンタル面に働きかけるテクニックや戦略は、概してうまくいかない。なぜなら、ほぼすべての行動は、環境によって外から働きかけられるものだからだ。

そして、何かを同じ場所で何度も繰り返すと、それは無意識へと落とし込まれていく。

無意識に「望まないこと」をしてしまう

車の運転など何かを初めて学ぶとき、自分の行動に意識を集中してかなり努力をする必要がある。「アクセルペダルをどれくらいの強さで踏み込むか」といった具合に、ちょっとした行動の一つひとつを考えなければいけない。しかし、何度も繰り返せば、最終的には無意識に行動できるようになる。心理学で**「カチッサー効果」**と呼ばれるプロセスだ。

カチッサー効果はストレスなく生きること、そして学習したことを定着させるうえで必要不可欠ではあるが、難点もある。**ほとんどの人は、自分が達成したい目標とは相反するような環境に自分の行動を託してしまっている**のだ。新年の誓いや目標設定がほとんどうまくいかないのはそのためだ。ある人が禁煙したいと思っても、たばこを吸いたくなるようなトリガーを、その人がいる環境が無作為かつ突然に引いてしまう。意志力を無駄に使って消耗し、その人は結局、負け犬のような気分になってしまう。

しかし、目標に向かって「強化された環境」（あなたが高いレベルでパフォーマンスせざるを得なくなる場所。後に9章で詳述）の力を借りて行動すると、望ましい行動が自動的かつ無意識に取れるようになる。カチッサー効果が有利に働くのだ。

いったんこういった状態になると、脳の作業メモリ（ワーキングメモリ）に空きができるので、そこで深く考えを巡らせることができれば、何か他のものに挑戦するべく新たな計画を（実現可能性を落とすことなく）立てることもできるようになる。

自分だけ「ジャンクフードを食べない」なんて無理

成功に不可欠なものとして、意志力がこれだけメディアで注目を集めるのは不思議でも何でもない。**ネガティブな環境では、私たちの手元には意志力しかないのだ。**

意志力とは、いわば救命ボート、予備用パラシュートだ。そして私たちは、なんとか命拾いできるようにと、意志力を頼みの綱にしている。

ネガティブな環境でポジティブさを保つのは、たしかにものすごい意志力が必要だ。周りの人たちがジャンクフードを食べているときに、常に「いらない」と言うのは難しい。

もっと難しいのは、心の底では食べたくないとわかっていたはずのジャンクフードを自分でつい買ってきてしまい、自宅で意志力を発揮しなければならないときだ。これでは、精神力と意志力のリソースをかなり無駄に使っていることになってしまう。

「環境を変えろ」と言う代わりに、主要なアドバイスは相変わらず「自分を変えろ」と掻き立てる。

このアドバイスがどれほどひどいものか、強調してもしたりないくらいだ。自分を変えようがない状況で、自分を変えなさいという無理難題を押しつけているのだ。

本章では、科学的な証拠や歴史的な話を出しながら、環境を変えずに自分を変えるなど本当は不可能なのだと示していきたい。あなたの環境とあなたは、2つでひとつなのだ。

何年に生まれたかで「できること」が異なる

ジェイソン・ローニーは2014年、世界最年少でモーターサイクルでのバックフリップを成功させた。わずか10歳だった。

しかし10歳がモーターサイクルでバックフリップを成功させるよりも驚きなのは、**1980年代後半から1990年代前半には、バックフリップは「テレビゲームで見られる技」であり、実際にやるのは不可能だと考えられていた**ことだ。

とはいえローニーにとっては、バックフリップはライダーたちが普通にやっていることだった。誰もがバックフリップをやっているモトクロス文化の中で育ったローニーにとっては、当たり前のことだったのだ。

1998年、傾斜台から水に向かってバックフリップにチャレンジするライダーたちの姿を収めた1本のビデオが、まるで山火事のように広がり、バックフリップは突然現実味を帯びた。「誰にもできるわけがない」と思われていた驚きの技が突然、できそうに思えてきたのだ。

2002年、ケイレブ・ワイヤットは歴史上初めて、ダート（未舗装路）の上でのバックフリップを成功させた。これが、モトクロスライダーが抱いていた「何が可能か」という概念を変えた。2006年までにはトラビス・パストラーナがダブル・バックフリップを、2015年にはジョシュ・シーハンがトリプル・バックフリップを、それぞれ世界で初めて成功させた。まさに〝進化〟しているのだ。

1990年代のモトクロスライダーも、意志力や情熱を持ち、バックフリップという大技に前向きに取り組んでいたに違いない。しかし当時は、バックフリップという考え自体が、物理的に不可能に思えた。どれだけの意志力をもってしても、バックフリップ、ましてやトリプル・バックフリップはできなかっただろう。

「10歳のジェイソン・ローニー」と「1990年代の才能溢れる大胆不敵な大勢のライダーたち」との違いは、意志力でもなければ能力でもない。**それぞれが置かれた状況が違ったのだ。**

ローニーが生まれた時代、バックフリップはありふれたものだった。そのような環境で生まれ育ったローニーにとって、かつては離れ業だったバックフリップであれ不可能なものなどとは思えなかった。ローニーが考えるべきことはただひとつ——「あれをやるにはどうしたらいいだろう?」だった。

そしてローニーはやり遂げた。

価値観や人生観すら無効に

どの環境にも、ルールがある。そうしたルールが、その環境にいる人の行動を規定する。というのも、**ルールに従った場合も破った場合も、それに応じた結果が伴う**からだ。

たとえば、ある環境では喫煙が許されているが、他の環境では許されていない。ロックコンサートで叫び声をあげるのは構わないが、機内ではできない。ある人の家では靴を履いたままでいいが、別の人の家では靴を脱がなければいけない。車は左側通行が正しい場所もあれば、右側通行が正しい場所もある。どのスポーツにもルールがあるし、変更も頻繁に行われる。

それぞれの環境におけるルールには、明文化されているものとされていないもの、口に出して説明されているものとされていないものもある。とはいえ、**明文化されたものか暗黙の了解かによらず、そこにはルールがあり、そのルールがそこにいる人たちの行動や態度を形作っていることに変わりはない**。

たとえば「ピア・グループ」と呼ばれる、社会的立場や年齢が同じような人たちが集まるグループがある。それぞれのグループには「基準」があり、それがそのグループに属するメンバーの考え、行動、振る舞いを形作っている。

通常は詳細な説明がなくても、そのグループのルールを見極めることができるものだ。そのグループにいる人たちが発する言葉、取る行動、お互いがどう関わるかを観察すればいい。**特定のグループが、あなた自身と合うか相反するかは、ほぼすぐにわかる**はずだ。

「社会的通念」は、根深いイデオロギーや欲求よりもずっと強力に、あなたの行動をコントロールする。たとえば、ほとんどの人は健康は良いことだと考えており、元気でいたいと思うものだ。しかしそんな欲求があるにもかかわらず、人は不健康な食べ物を買い続けてしまう。また、ほとんどの人は成功したいと考えているものの、消費主義や下手なお金の使い方を促すような環境で暮らしている。

つまり、**人の人生は、その人が強く抱いている価値観や信念を反映したものではない**ということだ。そうではなく、**人の人生とは、その人を取り巻く社会的通念の産物**なのだ。

もしあなたが、自分のルールとは矛盾する環境に居続けるならば、選択肢は2つしかなくなる。悪い環境に従うか、意志力を使って戦うかだ。どちらも非常にお粗末な選択肢であり、どちらを選んでも結局は同じ場所に行き着くことになる。

場所によって「跳躍力」が変わる

ノミの実験のプロセスを見てみよう。

口の広い瓶に、複数のノミが入っている。瓶に蓋がなければ、ノミはいとも簡単に瓶の口を飛び越えて、好きなように出て行ってしまう。しかし蓋をすると、環境のルールが変わる。これでは、高く飛んだら蓋に体当たりしてしまう。これはまったく気分のいいものではない。その結果、**ノミは新しいルールに適応し、あまり高く飛びすぎないようにすることをすぐに覚えてしまった**。興味深いことに、**3日後に蓋を外しても、ノミはもう瓶から外に飛び出さなくなる**。ノミの集合意識に精神的なバリアが作られ、ノミの集団の中に、これまでよりも抑制されたルールができあがったのだ。

この新しいルール、そして瓶にいるノミの社会文化は、**次世代のノミにも影響を及ぼす**。ノミの親が持っていた「こうなるだろう」との予測が、次のノミの中にも形成されるのだ。同様に、あなたの周りにいる人たちが抱く予測や期待は、あなた自身のルールと予測・期待も作り上げる。心理学で**「ピグマリオン効果」**と呼ばれているものだ。

親ノミのすぐ近くに居続けることで、次世代のノミたちは、自分たちの環境を脱却できなくなる。しかし、1匹のノミを瓶から取り出し、もっと大きな瓶に入れてみよう。すると、**もっと高く飛ぶノミたちに囲まれて、そのノミも適応するようになる。そのノミの行動を抑制していた古いルールは、新しいルールに取って代わる**のだ。

こうした新しいルールは、ノミが持つメンタルモデルのみならず、**遺伝子構造さえも変容させる**ことになるだろう。

このノミの話は、生物学や遺伝学の従来的な理解に反するものではあるが、新しい科学であるエピジェネティクス（後成遺伝学）の観点から見ると、よく理解できる。著名な生物学者のブルース・リプトン博士は話す。「私たちはかつて、突然変異遺伝子ががんを作ると思っていた。しかしエピジェネティクスによって、それがすべて変わってしまった」

リプトン博士はさらに、自分の研究がいかにしてエピジェネティクスを解明したか、そして人となりを作っているのはその人の遺伝子だけでないのはなぜか、次のように説明している。

細胞は「培養皿」次第で骨や筋肉に分化する

「培養皿に幹細胞をひとつ入れたところ、幹細胞は10時間ごとに分裂した。2週間後、培養皿の細胞は数千にも達していた。それはみんな同じ親細胞から派生したものなので、遺伝子的にはまったく同じだ。その細胞集団を分割し、3つの培養皿に植えつけた。次に私は、それぞれの培養皿の培地（細胞にとっての「環境」）に手を加えた」

この後、非常に興味深いことが起こった。環境を変えただけなのに、**まったく同じはずだった細胞は、自らをそれぞれ違う形で表現した**のだ。

リプトン博士は次のように話す。

「ある培養皿の細胞は骨になった。別の皿は筋肉、また別の皿は脂肪になった。これは、細胞の運命を決めるのは遺伝子ではないことを示している。細胞はすべてまったく同じ遺伝子を持っていたのだから。遺伝子配列ではなく、環境が細胞の運命を決めたのだ。つまり、**健康的な環境にいれば、細胞は健康**ということだ。**不健康な環境にいれば、細胞は病気になる**」

端的に記せば、人が何者になるかは、どんな遺伝子かよりもどの遺伝子が表現されたかに大きく依存するということをエピジェネティクスは示している。そして**遺伝子の表現は、環境の信号と選択に大きく依存する**。

そのため、人の生態とは「変わることのない決まったもの」ではなく、「非常に流動的で影響を受けやすいもの」ということだ。とてもワクワクするし、勇気がもらえる話だと思う。

過ごすのが父か母かで「精神年齢」が上下する

楽な群れに加わってはいけない。成長などできないからだ。パフォーマンスへの期待と要求が高いところへ行きなさい。

――ジム・ローン（著作家・講演家）

あなたは環境によって、小さな集団にいる大物になることもあれば、大きな集団の中の小物にしかなれないこともある。

オースティンという名の17歳の少年を例に見てみよう。

小さい頃に両親が離婚し、オースティンは母親と一緒に暮らしている。父親と一緒に週末を過ごすのは、2週間に一度だ。自分では気づいていないが、**父親といるときのオースティンは、実際の歳よりも幼い精神年齢になってしまう**。母親によると、父親といるときのオースティンは5歳か6歳くらいに戻ってしまうのだ。子どもっぽく未熟で、手に負えない感じになってしまう。

オースティンにとって、父親の環境でのルールは、母親でのそれとはかなり異なる。さらに、母親と一緒にいるときと父親と一緒にいるときでは、オースティンの役割も違う。

興味深いことに、オースティンは父親の家から帰宅すると、母親の環境に移行するための決まった習慣「ルーティン」を確立していた。帰宅後すぐに、30分ほどピアノを弾くのだ。この行動のおかげで、ひとつの環境からもうひとつの環境へと、心が移行できるようになる（前述の予知がここで作用している）。ピアノの演奏がトリガーとなり、オースティンは自分が演じているいつもの役に戻ることができる――それは、それまでの3日間を過ごした子どもっぽい振る舞いのオースティンとはまったく違うものだ。

オースティンと同じように、「火曜日に、ある部屋で過ごすあなた」と、「水曜日に、別の部屋で過ごすあなた」は別人だ。ある人たちと一緒のときは最高の気分になるかもしれないが、他の人たちと一緒だと、きちんと考えることすらできないかもしれない。

絶対値もなければ、不変のアイデンティティもない。まるでチェスの駒のように、**あなたの価値や能力は相対的であり、固定された不変のものではない**。物事そのものが現実なのではなく、**「物事の間に存在する関係（状況）」が現実**なのだ。

研究室が替わって「4か月で15本以上」論文が出た

あなたは、ある人と一緒ならば世の中を変えるほどのすばらしい何かをやってのけることができるかもしれない。しかし他の誰かと一緒だと、退屈でぼんやりして、願い続けた夢を叶えようとさえもしないかもしれない（もっと悪いことに、自分の人生で何が足りないかさえ気づかないかも）。

大学の学部に通っていた頃、私は複数の教授のもとで研究アシスタントとしてアルバイトをした。私は、自分がかなり優秀な人材だと思っていた。勤勉だったし、研究のことも熟知していた。学問の世界で自分の未来は明るいと確信していた。

2年にわたって、数え切れないほどの時間を研究に費やしたあと、私は大学院に出願した。**ところが、行きたかった大学院にすべて落ちてしまった。**どうやら、私は周りからいわれて思い込んでいたほど、優秀ではなかったのだ。

プライドがぼろぼろになったこの経験から数か月経って、別の学部で教えていた若い教授と知り合いになった。博士のもとで働く研究アシスタントはみんな、発表前の実際の論文原稿を扱っていた。ネイト・ランバート博士だ。私はすぐに、その教授は何かが違うと気づいた。**彼らは、学生がいつもやらされるような仕事ではなく、もっと重い責任を与えられ、よりプロフェッショナルなトレーニングを受けていた**のだ。ネイトの研究室で働けば、これまで私が働いてきた研究室とはまったく違う可能性を手にできる予感がした。

博士のもとで働くことになった初日、まだ完成していない古い調査論文に取り組むよう指示を受けた。「こいつを磨き上げて出版にこぎつけよう」とネイトは言った。

これほどまで出版間近になった状態の論文を、私は扱ったことがなかった。しかしこの新しい状況で、私のモチベーションは天に届かんばかりに膨れ上がっていた。その後1週間、脳をフル回転させて原稿に向き合った。そしてもうこれ以上磨く箇所がないというところまで原稿を仕上げると、原稿をネイトに戻した。ネイトは気に入ってくれ、著名な学術誌に提出。最終的に学術誌は、その論文を出版用に受け取った。

私はこう思った。「2年以上もいろいろな教授のもとで働いたけど、出版向けに何かを提出するなんてまったくなかった。でも今、この人に会ってたった1週間で、論文を出版用に提出できた！」

博士と出会ってから4か月後には、私たちが科学誌に提出した論文の数は**15本以上**になった。私は望む大学院のどこへでも行ける状態になっていた。

博士との関係で私が培った執筆とリサーチのスキルは、他の教授との関係においてはないも同然だった。自分の中に潜んでいる能力に私は気づいていなかった。もっというと、本当の生産性がどんなものかも知らなかった。私のアイデンティティ、能力、生産性は今でも、私自身が身を置いている状況を反映したものであり続けている。

アルキメデスはガッツより「てこ」を必要とした

これはあなたにもいえることだ。

あなたとあなたの環境は、互いにつながっている。

ある環境においてあなたが何者で何ができるかは、別の環境であなたが何者で何ができるかとはまったく異なる。

たとえば、天気の良い夜に外に立って、裸眼で冥王星を見つけようとしているとしよう。何時間も、何週間も、何年も、もしかしたら何十年も立ち尽くしたところで、冥王星を見ることなどできはしない。意志力、ポジティブな心構え、そのほか古今東西のアドバイスが「必要だ」と言った何をもってしても、裸眼で冥王星を見えるようにはならないのだ。

しかし質のいい望遠鏡を使えば、あなた自身と望遠鏡の組み合わせで、あなたは冥王星を見ることができるだろう。

アルキメデスはこう言った。**「大きなてこをくれれば、地球を動かしてみせる」**

あなたの環境が、てこだ。アルキメデスは、ガッツや意志力で地球を動かしてみせる、とは言わなかった。自分の環境における自分と道具の関係を、アルキメデスは謙虚に理解していたのだ。

アルキメデスとその環境は、互いにつながっていた。さらにアルキメデスは、自分の目標を達成するには特殊なタイプのてこが必要だとわかっていた。地球を動かすのに必要な力を発揮するには、どんなてこでもいいわけではない。

同様に、特定の植物を育てるには、どんな土壌でもいいというわけではない。雑草を育てたいのであれば、土壌の選択肢は多い。しかし、もし熱帯植物を育てたいのなら、それに合った土壌が必要だ。**植物が生長したいという野心や欲望をどれだけ持っていたとして**

も（もしくはあなたがどれほどその植物を育てたいと思ったとしても）、関係ない。

適切な土壌がなければ、育たない。植物と土壌は、同じ目標に向かう中で、どちらもなくてはならないものなのだ。

幼児が触れた瞬間、硬貨が「おもちゃ」になる

多くの人は、自分の「性格」が固定されて変わらないものだと思っている。生まれたときの自分は、死ぬときの自分とほとんど同じだと。こうした人たちは、自分と自分の環境は、切り離されたまったくの別物だという考え方を、ずっと受け入れてきた。

こうした人たちはまた、育んでいく部分よりも、生まれながらに持っている部分を重視し、何が変わるだろうかと観察するよりも、変えられないものばかりに固執する。そして、**自分自身を「非常に現実的なもの」と見なす。**つまり、自分の中にある「本当の自分」の部分は、環境によって触れられることも影響されることもないと信じているのだ。

これはつまり、「1ドル札と25セント硬貨は、客観的にいついかなるときも『お金』だ」と言っているのと同じだ。色がついた紙片と金属製のコインは、本当に単にお金だろうか？　もしくは、自分たちが作り出した特定のコインと紙片の価値について、私たちは

社会として共通の意味を持たせているのだろうか？
25セント硬貨はいついかなるときでも、25セント硬貨だろうか？
いついかなるときでも、これまでずっと25セント硬貨だっただろうか？

幼児にしてみたら、25セント硬貨は「おもちゃ」かもしれないし、別の国では価値のないものとして見なされるだろう。粘土を焼く高温の窯の中では、溶けて「液体」になってしまうかもしれない。

つまり25セント硬貨は状況に応じ、誰がそれを手にしているかによって違う役割を果たす。同様に、人は客観的に誰の目から見ても、「落胆している」「知性に溢れている」「美しい」ということは決してない。むしろこうしたものはすべて、状況によって変わる主観的なものにすぎない。

しかしそれを変わらないものとして固執しすぎると、自分を枠にはめてしまう。そして、主観的で流動的なものを、客観的で固定された変わらないものだと決めつけるようになってしまう。

スタンフォード大学の著名な心理学者キャロル・ドウェックは、**「知性は変わらないもの」だと考える人は、勉強に苦労する**ということに気づいた。こうした人たちは、フィードバックが厳しかったりネガティブだったりするとすぐに、精神的にショックを受けて諦めてしまう。反対に、**「知性は流動的で変わるもの」と考える人は、成長や変化を遂げられる可能性がずっと高い**。こうした人たちは、まるで粘土のように、経験（とりわけ、やりがいのある新しい経験）を通じて、もっと変化することができる。

自分は変われないという強い思い込みは、被害者意識へとつながる。自分が持って生まれたものが今の自分を決めているのなら、運命に対して自分ができることは何もない、ということになる。逆に、自分は変われるという強い信念があれば、自分の人生には自分で責任を負うようになる。

あなたは、何かしらの制約を持って生まれてきたかもしれない。しかしそうした制約を変えて、自分をもっと向上させ、成長することは可能だと本書を通じて知ってほしい。

人は「トランポリン」にすらなれる

25セント硬貨のように、あなたは常に役割を演じている。だがその役割は、固定されて変わらないものではない。むしろ、**あなたは今いる状況に応じた役割を演じている**。チェスのピースと同じように、あなたの役割は周囲にあるものと相対的だ。ある状況では「親」の役割を演じるかもしれない。他の状況では「学生」かもしれないし、「消防士」かもしれないし、「友達」かもしれない。もしくは6歳の子と一緒に遊んでいるときには、上でジャンプされる「トランポリン」の役になるかもしれない。

ブレインという名の私の友達は、工業用ホースの卸売店でマネージャーをしている。ブレインは友達のブラッドに、自分は単なる「ホース屋」だと言った。ブラッドは、そんな言い方では自分を軽視しているようではないか、と気になった。もしかしたらブレインは、自分を「マネージャー」と呼んだほうがいいのではないだろうか？

――このように私たちは、**職業と人物を同一視しがち**だ。しかし現実として、私たちは単に役割を演じているにすぎない。それが作家であれ、マネージャーであれ、警察官であれ、弁護士であれ、教師であれ、**私たちの環境が変われば、こうした役割もすぐに変わる**のだ。

あなたもこれまでに、自分が望んだわけでもない役割を演じた経験があるかもしれない。たとえばそれは、アルコールか何かの依存症患者かもしれない。しかしあなた自身のアイデンティティが「アルコール依存症患者」だというわけではない。症状は、本当のあなたではない部分が具現化されたもので、これまでの人生であなたが絶え間なく演じてきた役割にすぎないのだ。

　依存症とは、あなたが人として何者であるかではなく、あなたが自分の周りに積み上げてきた環境と人間関係を反映したものにすぎない。**依存症とは、自分の行動を無意識のうちに自己破滅的な環境にアウトソースしている「パターン」**なのだ。

　このパターン、そして自分の役割を変えることは可能だが、**これは環境を変えることでのみ実現できる**。それはもしかしたら、誰かと腹を割って話し合って境界線や期待値を設定し直すことかもしれないし、特定の人物や場所と物理的に距離を置くことかもしれない。同じ役割とパターンから抜け出さない限り、どれだけ意志力を使って努力しても意味がない。その努力は、「あなたの役割」という限られた状況の中だけのものとなってしまうだろう。「変わらないアイデンティティ」だと思い込んでいる状況に、努力した結果、皮肉にも囚われ続けることになるのだ。

　自分の役割を、突然かつ劇的に変えることはまったくもって可能だ。

　人は、ある役割を演じるには、それに元来ふさわしくないとだめだと思い込んでいる。しかしそれは間違いだ。実のところ、まさに**その役割そのものを通じて、ふさわしくなれる**のだ。

たとえば、ローレンと私が里親になったとき、私たちには親としての経験などまったくなかった。親になるための本を何冊か読みはした。そうした本には、賢いアイデアや革新的な解決策もたくさん載っていた。

しかし理論と経験は根本的に、まったく別のものだ。初めて親になる人は誰もが、似たような道を通るのではないだろうか。実践を通じて学ぶのだ。

人生に起こってくるありとあらゆる物事に対し、準備万端でいることなどできやしない。

理論から実践へと移るには、大なり小なり必ず、一歩を踏み出す必要がある。そして、**新しい環境へ向かう一歩は、意志力よりもむしろ、まるで生き抜くための反応のように直感的なもの**だ。

新しい役割や新しい環境には、すぐに適応できるだろう。そのため、何者かになろうと前もって準備する代わりに、なりたい自分に今すぐなれるような環境を作ろう。

デイヴィッド・ホーキンズ博士の提言

自己啓発の分野やコンテンツには、個人主義が浸透している。

しかし精神科医のデイヴィッド・ホーキンズ博士が言うように、**「すべての苦悩は、『個**

人』という幻想に端を発している」ものだ。

皮肉なことに、何かをその周囲環境から引き離そうとして箱に入れると、その何かはそこから成長や変化をしなくなってしまう。

本書は、個人の成長には制約があることを認めてはいるが、しかしそうした制約は、はっきりと明確なものでもなければ厳格なものでもない。そうではなく、**個人の制約は状況によって変わる柔軟なもの**だ。

人生に変化を起こしたいなら、意志力を発揮するのではなく、ただ環境を変え、自分が演じている役割を変えればいい。

これをうまくやるには、次のことを理解している必要がある。

- 自分に何ができるかは、意志力ではなく「状況」による
- あらゆる環境には「ルール」がある
- あらゆる環境には「上限」がある
- 人の価値観は絶対的ではなく「相対的」
- 人は常に「役割」を演じている

3章 これが「最有効戦略」だ

必要なのは「強ストレス」と「強回復」

コートニー・レイノルズは、若き起業家だ。

彼女は意識的に、自分の時間を生産的に使うようにしている。そのため、自分の環境には細心の注意を払っている。ひと月のうち15日ほどは事業パートナーのヴァルと一緒に、コロラド州デンバーで過ごす。デンバーにいる間、コートニーとヴァルは一緒に複数のプロジェクトに携わり、通常は**「1日に18時間」**働いている。

2人が住んでいるアパートには、注意力散漫になるようなものは何ひとつ置いていない。**壁には写真さえも飾っていない**のだ。非常に簡素な部屋で、革張りのカウチがいくつかあるだけ。あとは、必要ならばマーケティング用のビデオが撮影できる空間がたっぷりある。

「デンバー」で働く——仕事だけをひたすらする

コートニーはデンバーにいる間、**物事をうまく運ぶために、意図的に自分にものすごいストレスとプレッシャーをかけている**という。

差し迫る締め切り、周囲から寄せられる期待、守らなければならない大きな約束などに常に追い立てられている。コートニーはものすごい量の仕事をこなすが、代わりに相当な犠牲も払っている。多くのプロジェクトと長時間の仕事で、精神的にも身体的にも、さらには人間関係という面でも疲弊してしまう。**そしてそれがまさに、デンバーにいる間にコートニーが求めていること**なのだ。

狙いは、前進と成長だ。しかし同時に、このペースの働き方では長く続かないこともコートニーはわかっている。そのため、リセットとリカバリーに向けた環境も用意してある。ひと月の残りは、ネバダ州ラスベガスにある自宅で過ごすのだ。

「ラスベガス」で休む——1日12時間寝る。回復に打ち込む

ラスベガスの自宅は、集中的なくつろぎ、回復、さらには喜びまでもがトリガーされる

ように作られている。

壁は暖色に塗られ、美しいアートに覆い尽くされている。家具とキッチン用品は、豪華でありつつインスピレーションを与えてくれるものだ。さらに、コートニーはラスベガスで趣味のグループに複数入っており、息抜きや深い人間関係はそこで楽しめる。たびたび友人たちを自宅にも招く。そして、**ラスベガスにいる間はいつも、1日に「10～12時間」の睡眠をたっぷり取る**。

ラスベガスにも小さな事務所を持ってはいるが、そこでは1日のうちに数時間、プロジェクトの進捗を確認したり、管理したりするだけだ。**ほとんどの時間は、パソコンから離れてリカバリーのために過ごしている**。街中でコートニーを見かけるときは大抵、ランニングしていたり、おしゃれなレストランで食事していたり、市内のあちこちで何かしらのアクティビティを楽しんでいたりする姿だ。

コートニーがデンバーにいるときにギリギリまで仕事に打ち込めるのは、このような「リカバリーのためのインターバル」を定期的に取っているからだ。

彼女が若くしてこれだけの成功を収めた秘訣のひとつに、この「積極的なリカバリー」がある。**戦略的に環境を作ることで、多くの人が1年かけてこなすよりももっと多くのことを、ひと月でこなす**のだ。

デンバーにいる間のコートニーの環境は、生産的になるよう設計されている。さらに、心身ともにしっかり休息を取った後なので、大抵の人よりももっと熱心に、長く、じっくりと仕事に取り組むことができるのだ。

「とんでもないレベル」で切り替えをする

コートニーは自分でも知らないうちに、難解な科学的知識を活用していた。

私が**「強化された環境」**（enriched environments）と呼ぶものを、コートニーは気づかぬうちに自分の周囲に作り上げていたのだ。これがあれば、自分の行動に100％集中できるようになる。

人間は、鍵となる2種類の環境を必要としながら進化してきた。**「強力なストレス」**と**「リカバリー」**だ。どちらの環境においても、そこにいると人は完全に〝自分がいる状況〟に集中できる。ストレスに満ちた環境では、完全に100％、スイッチが入った状態になる。リカバリーに向けた環境では、完全にオフになる。

とはいえどちらの環境も、残念ながらめったに経験できるものではない。

「強化された環境」のうち、ひとつ目のタイプは本質的に、強力なストレスに満ちたものだ。**「ポジティブなストレス」**あるいは**「快適なストレス」**と呼ぼう。しかしこれは、ほとんどの人が経験する、一般的な〝不快なストレス〟とはかなり異なる。

不快なストレスは死や衰弱へとつながるが、快適なストレスは、成長のためにまさに必要となるものだ。ポジティブなストレスは、自分の限界を知るために挑戦することを後押ししてくれ、強い自分を作ってくれ、想像だにしなかったことを成し遂げる力になってくれる。

コートニーは月の半分をこのように、限界より先へ行くべく自分を追い込みながら過ごしている。

そしてこれが、「強化された環境」の2つ目のタイプへとつながる。つまり、休息して復活する場所だ。

成長は、ストレスを受けた後、休んでいる間に起こるものだ。**何かに秀でるには、多大な努力を要する環境からゆっくり休める環境へと、シフトし続けている必要がある。**

どちらの環境でも、それぞれにどっぷりとのめり込まなければいけない。努力を要する環境にいるときは、意識を集中させて難題に立ち向かう。リカバリーの環境にいるときは、仕事のストレスや運動、そして世間からも、自分を完全に切り離す必要がある。

医師の証言——デジタル世界は「脂肪」が溜まる

『The Adrenal Reset Diet』（『アドレナル・リセット・ダイエット』、未邦訳）の中で、自然療法医アラン・クリスチャンソン医師とサラ・ゴットフリード医師は、次のように説明している。「デジタル断ちをし、リセットし、リフレッシュし、充電するための空間を作らない限り、私たちの体は、進化の中で身につけた自然な反応として、脂肪を燃焼するよりも溜め込んでしまう。質の良い健康、創造性、生産性、人間関係を手に入れるには、**定期的に完全にリカバリーする必要がある**」

コートニーはまさにそうやって、月の半分を過ごしているのだ。

この点は科学でもはっきりと説明されている。

たとえばフィットネスにおいて、「タイム・アンダー・テンション（TUT）」という概念がある。これは、筋肉を肥大させて強度を高めるには、筋肉を限界値の先まで追い込まなければならないというものだ。健康になるには、ただマラソンを走ればいいわけではない。「ダッシュ」と「リカバリー」が必要なのだ。

しっかりと筋肉を追い込めば追い込むほど、成長の可能性は高まる。ただしそれは、**同**

じくらい長くしっかりしたリカバリーを取ってこそだ。実際のところ、リカバリーのプロセスは必ず、追い込むプロセスよりも長くしっかりと時間をかけるべきだ。

私たちの生活はこれまでにないほど、努力を要するものになってきている。なので、睡眠、休暇、娯楽、断食、瞑想、祈り（リセットとリカバリーの鍵になるもの）はこれまで以上に欠かせなくなっている。私たちはこれまで、こうしたものをすべてどこかで忘れてしまっていたのではないだろうか。

神経科学上、職場でひらめく確率は「16％」

フィットネスに似ているが、**創作活動におけるひらめきも、過酷で大変な作業から精神的にリカバリーしているときに起こる**ものだ。

たとえば、神経科学に関する研究によると、クリエイティブなひらめきのうち、**仕事中に起こるものはわずか16％**にすぎないという。

クリエイティブなひらめきは、「有用なつながり」を作ることでやってくる。こうしたつながりは、そのプロジェクトや問題に向かって自分を追い込み、集中して考え、その後に休息を取らない限り、生まれてこない。つまり、クリエイティブな作品は、仕事に向かっているときではなく、休息しているときに生まれるのだ。

クリエイティブな傑作は、日常のストレスや苦労から遠く離れた環境の中でのみ、生み出すことができる。そのため、休暇、旅行、デジタル断ちは今、これまでにないほど必要となっている。こうしたものは、コートニーがしているように、日常の生活やルーティンの中にうまく組み込んでおく必要がある。一度に数週間もデジタル断ちをするのは無理かもしれないが、**「週末だけ」**など限定的なら不可能ではないはずだ。

仕事やテクノロジー、人、食べ物といったものからリカバリーするために、わざわざ時間を取る人はあまりいない。そのため、厳しくも健康的なストレスとプレッシャーがかかる環境で、心の底から打ち込めるだけのエネルギーと確信を持っている人は非常に少ない。

仕事、人間関係、健康、精神性、その他人生のあらゆる領域で目標を達成するには、「強化された環境」のどちらのタイプも必要となる。

スマホなしで「公園」に行く

先日、友人のジャスティンと彼の3人の子どもに地元の公園で会った。ジャスティンの娘の友達がサッカーの試合に出るので、公園に来たのだという。ジャスティンの娘は試合に出る友達を応援するため、そしてジャスティンは子どもたちと一緒に楽しい時間をゆっくりと過ごすために、それぞれそこにいた。

私は、**ジャスティンが携帯電話を持ってきていない**ことに気づいた。子どもたちに100%の意識を向けて、彼らにとって大切なアクティビティを一緒にするつもりなのだ。

そのとき、少なくともその瞬間は、ジャスティンが人生を謳歌しているように見えた。ジャスティンは自分の価値観に従い、自分らしい人生を歩んでいたのだ。

携帯電話を持っていないことで何か楽しいことを逃してしまうのではないか、などという恐れはなかった。**体だけはそこにいて頭では仕事のことを考えていたり、スマートフォンに夢中になっていたり、などと中途半端にそこにいるのではなく、子どもたちにすべての意識を向けていた。**心も体も子どもたちと一緒にそこに存在していたのだ。リカバリーしながら、同時に自分の人生を生きてもいた。

ジャスティンが仕事だけでなく、人生の他の面でもすべて順調なのも納得だ。

寝ながら「トップ」になる

どうやら「最先端」とされる自己啓発は、1960~80年代に行われた心理学調査に基づいているようだ。

「心の持ち方」「意志力」「目標設定」にフォーカスし続けるという方法は、成功に向けたアプローチとしては時代遅れだし、根拠もない。こうした戦略が、本質的に悪いというわけではない。ただ、**スポットライトを当てるところがまったく間違っている**のだ。

優れたパフォーマンスを発揮し、大きな成果を達成するための取り組みとして新しくて現実的な方法は、個人にフォーカスするのをやめ、環境を中心に据えることだ。

つまり皮肉なことだが、自己啓発は将来的に「自分」にフォーカスするものではなく、むしろ自分を形作る「環境」にフォーカスするものとなるだろう。この新しい取り組み方の中心には、「強化された環境」作りが据えられる。

強化された環境にいると、環境の力を借りて自動的に、望ましい行動を取ることができるようになる。努力を要する仕事にせよ、活力を取り戻すべくリカバリーに努めているにせよ、自分の行動に100%意識を集中して没頭できるようになる。

それが何であれ、自分にとって望ましい行動ができるように意図的に環境が最適化されているのだ。

反対に、何の変哲もない環境にいるとき、望ましい行動は自動化されておらず、環境の力を借りてもいない。**そのような状況では、ほとんどの環境で自分の行動を意識し続けざるを得ないため、望ましい行動を取るには意志力を使わなくてはいけなくなる。**無意識に身を置くほとんどの環境は、優れたパフォーマンスやリカバリーではなく、注意力が散漫になるようなものに向けて最適化されているためだ。

本書はここから先、あなたが「強化された環境」を作り上げるのを手助けすることに焦点を絞っていく。

ジャスティンが子どもたちとの時間を心から楽しんでいたように、あなたも自分の価値観に従い、自分らしく生きることができるようになる。ピンとこないかもしれないが、休息とリカバリーは実のところ、成功するためにもっとも大切なポイントだ。

ハフポストの創立者アリアナ・ハフィントンは、**「寝ながらトップに上りつめる」**とうまい表現で率直な提言をしている。

ものすごい努力を要し、かたやノンストップで物事が進み、あまりにも刺激が強い今の時代の環境において、人はリセット、休息、リカバリーにほとんど時間を取らなくなってしまった。しかしかつてないほど、こうしたものが不可欠になってきている。

そのため次のパート2では、休息とリカバリーに向けて、どうやって環境を最適化して

「リカバリーの空間」を強化するかをお伝えしようと思う。

休息しているときこそ、もっとも生産的に仕事をこなせる。最高のアイデアがひらめき、自分が仕事や人生でどこへ向かって行きたいかがはっきりとわかるのは、休息しているときなのだ。

そして、本書のパート3では、強いストレスがかかって努力を要するように最適化された、「強化された環境」をいかにして作るかをお教えしようと思う（コートニーにとっての「デンバー」だ）。

楽な人生では、成長は手に入れられない。それどころか、楽な生き方をしていると、やがて身動きが取れなくなる。

ほとんどの人は、妨げるものが少ない道のりを探すものだ。そのため、楽で怠惰な生き方に適応してしまう。

しかし人生においては、誰もが果てしないチャレンジと困難に出合う。

そのため浅瀬ではなく、自ら進んで深い水の中を泳ぎたい、と思うべきだ。たとえば、強風の環境で育つ木は、深く根を張るようになり、厳しい環境に負けない木になる。

自分を追い込まない限り、成長はない。詩人のダグラス・マロックは、こう表現している。**「良い木材は、楽に成長などしない。風が強ければ強いほど、木も強くなる」**

木の強さは、その環境の厳しさによって異なる。楽な環境では良質な木材は育たない。良質な人間もまったく同じだ。

もっと強くなりたければ、厳しいトレーニングを積む。

仕事で世界レベルになりたければ、もっとハードルの高い仕事に身を置く。

成功への思い入れを今よりもっと強く持つ必要もある。

現在の自分の能力を上回るプロジェクトを受け入れ、人としてもっと深い根を張れるように、自分を追い込むことが必要だ。

Part 2

意志力に頼るのをやめる

How to make willpower irrelevant

4章

ねらって「至高状態」になる

リカバリーに徹する「一時離脱」

トラベルブロガーのティッシュ・オクセンレイダーはここ数年、夫と3人の小さな子どもと一緒に旅をしている。アメリカを離れる前、ティッシュは仕事でもプライベートでも、完全にマンネリに陥っていた。ずっと憧れていた仕事をしていたのに、やる気が起きなかった。まるで麻痺しているみたいだった。

しかし、いつもの習慣や環境からいったん離れると、ティッシュはまた活力を取り戻し、インスピレーションが湧いてきた。仕事へのやる気も出てきた。**まるで堰《せき》を切ったかのようにに、様々なアイデアが流れ込んできた。**

ティッシュは、リカバリーに向けて最適化された新しい「強化された環境」の中、漠然としていたものを頭の中で整理できたし、リラックスした状態にもなれた。新しい経験をして、人として成長していた。

「めったに起きない状態」が起きる条件

ティッシュが人生でもっとも重要な決意をしたのは、家族と一緒に旅をしているときであり、いつもの習慣から完全に離れていたときだった。

ティッシュは、人が人生をシンプルに、かつもっと良いものにできるよう手助けする講座を作ろうと決めた。このように思い切った決断を下せた理由は、ティッシュがこのとき、心理学でいうところの**「至高体験」**（peak experience）というものを経験していたからだった。

心理学者のアブラハム・マズローは、至高体験を次のように説明している。

「めったに起こらないものではあるが、ワクワクし、広大かつ深遠な感動を呼び起こし、気分が爽快になり高揚する経験。このおかげで現実をもっと深く理解できるようになる。至高体験はそれを経験する者に対し、神秘的で不思議な影響さえも与える」

マズローはさらに、至高体験は人として自己実現するために不可欠だと主張した。**そこでは、自分の基本的な欲求はすべて満たされ、自分が持つ潜在能力をあますところなく発揮できる**のだ。

至高体験は、強化された環境――もっというと、休息とリカバリーに向けて最適化された環境――で起こる可能性が高い。だからこそ、最高にクリエイティブなひらめきが降りてくるのは、大なり小なり「旅」をしているときが多いのだ。

デザイナーのステファン・サグマイスターの例を考えてみよう。ステファンはニューヨークにスタジオを構えているが、クリエイティブな物の見方を再活性化させリフレッシュするために、7年に一度、スタジオを閉めて1年間の休暇を取ることにしている。

「仕事から離れている1年の間に最高のアイデアがひらめき、その後2年かけてそのアイデアを追求する」とステファンは説明する。

これまで経験したことがなかった環境でリラックスした状態でいると、頭の中で物事を自分なりにつなげて整理できるようになる。さらに、自分は人生で何がしたいのかをじっくりと考えることができるようになる。

ここでステファンがしているのは、至高体験を追求するという行為に他ならない。

「オフ」だけを目的にする

至高体験は、人生やキャリアの軌道を変えてしまう。

自分の認識や価値観が変わるほどの強烈な経験をして初めて、自分の人生で今、実際に何が起きているのかを理解できるようになる。そして**その高い視点の状態にいるときに、自分の人生と水準をいかにして高めるか、揺るぎない決断を下せるようになる**のだ。

そうして自分と世界を新たな視点から見られるようになると、今の環境に自分をがんじがらめにする、ちっぽけな恐れや信念などは超越できるようになる。

私自身も何度か至高体験をしており、**定期的に経験するべく努力している。**

最近、友人のリチャード・ポール・エバンスと一緒に週末を過ごした。

リチャードは、男性のためのグループ「トライブ・オブ・キングス」を立ち上げた人物で、グループの目的は男同士の腹を割った本物の友情（最近はかなり珍しくなった）を築くこと。そして困難を乗り越え、楽しい体験をし、人生のビジョンを構築する、男性のための環境を提供することだ。リチャードは年数回、ユタ州南部にある自分の牧場で「トライブ・オブ・キングス」の合宿を週末に開催している。

リチャードがあるとき、牧場と合宿の様子を見てみないかと私に声をかけてくれた。

現地に着いた私は心を奪われてしまった。まずユタ州南部があまりにも美しかった。リチャードの牧場は、ザイオン国立公園のすぐ隣にある。

しかし私の心が奪われたのは、それだけではなかった。リチャードが立ち上げたグループの文化と、そして合宿の目的だ。**合宿中にやらなければいけない課題などは何もなかった**。「男って忙しいから」とリチャードは言った。「リラックスするための時間が必要なんだ。**だからこれから2日間、何の予定もないよ**。朝食は朝9時だけど、遅くまで寝ていたければそれでもまったく構わない」

合宿中、私は日がな一日、四輪駆動車に乗ったり、他の男性たちと話をしたりして過ごした。ひとりで読書をしたり、日記を書いたり、オーディオブックを聞きながら散歩をしたり、美しい景色を眺めたりして過ごしもした。

興味深いことに、合宿にいる間、妻や子どもたち、そして普段の生活に対するいとおしい気持ちが、私の中でとてつもなく大きくなっていた。**いつもの習慣の外側にいる間、普段の生活の良いところをありのままに見ることができた**。ついうっかりと見過ごしたり、当たり前のことだと思ったりしてしまいがちな部分だ。

空港に着くまで、妻に電話は入れなかった。というのも、合宿の大きな目的は、デジタル断ちをしたうえで、自分自身と人生に改めてつながることだったからだ。

やっと妻に電話をかけたとき、妻がいかに私にとって大切な存在かを、これまで以上の愛情をもって伝えることができた。恥ずかしいことだが、妻、子どもたち、そして自分の人生にあるすばらしいことすべてを、あって当たり前だと思ってしまうことが私には多すぎた、と今では思う。

この牧場での短期間の合宿では、自分の人生に今すでに存在するありがたい物事に改めて気づけただけではなかった。将来手がけたいプロジェクトについて、多くの洞察も得られた。


環境は本当に大切だ。そしてリチャードは、最高の環境を作ってくれた。

そこでは、すばらしい男性たちと楽しく交流し、本当の意味でただリラックス、リカバリー、リセットでき、自分と再びつながることができた。自分が今後数年で何をしたいかも考えられた。私は至高体験の中にいたので、高い志の視点から、様々なことを思い描くことができた。私は人生そのものに「ハイ」になっていた。そのおかげで、心に浮かんできたすばらしいアイデアに対しオープンになれた。

次にオフを「デフォルト」化する

マズローによると、「至高体験」はめったに起こらない。とはいえ、至高体験がめったに味わえないものである必要はない。実のところ、**至高体験をする、もしくは自分自身を至高状態に持っていく、というのは日課にするべきだし、実際に可能**だ。

至高体験などめったに起きないと一般的に考えられている理由は、その人たちは、至高体験が定期的に起こるように人生を設定していないからだ。ほとんどの人は、ネガティブな習慣と環境に刺激され、それに依存して流される状態の生活を送っている。

それでも、ぼうっとなった無意識のような状態から意図的に自分を引っ張り出すわずかな瞬間にでも、至高体験を起こすことができるし、実際に起こることがある。

至高体験は、予測が可能だ。意図的に作り出すことも可能だ。ならば、至高の状態にいることを最優先にしたらどうなるだろうか？　目標を達成するために、文字どおり最高のレベルで毎日活動しなければならないとしたら？　常に至高の状態にいることが、あなたにとって当たり前だったらどうなるだろうか？

もしあなたが、やり遂げたことのない何かを追い求めているわけではないのなら、定期的に至高体験をする必要はないかもしれない。しかしもし成長したいなら、もっと頻繁に至高の瞬間を過ごせるように、自分自身を持っていかなければならない。

さらに、目標に向けた軌道を描く際は、とくに至高の状態から始める必要がある。というのも、**終わり方は概して、始め方によって決まる**からだ。

始め方が正しければ、通常は正しいままでいられる。しかしまずい始め方をしてしまったら、正しい状態に持っていくのは至難の業だ。もちろん、「終わるまで軌道修正をしない」ということではないが、**最初の決断を下したその力が、軌道の大半を決める**ということだ。ほとんどの人は、至高状態でないところから弱々しい決断を下す。いかなる決断にせよ、本気で下す人は、実のところあまりいない。

ほとんどの人は、本気の決断をするための確信を持てていないといっていいだろう。決定的で絶対的な確信がないのだ。こういった人たちは、帆がない船のようだ。人生が連れて行ってくれるところならどこへでも行く。成り行き任せで無意識な成長しかしない。ただ流されるだけで、たいした結果も生み出さない。インターネットを徘徊して数時間無駄にしてしまっても、この人たちは気にもしない。

しかしあなたがもし、人生に新しい道を築きたいのなら、強力かつ決定的な決断を初めに下さなければいけない。**そしてその決断は、至高状態のときに下すべき**だ。

「ビル・ゲイツ」みたいな時間を確保する

では、至高状態には、どうしたら入れるのだろうか？

自分の人生や目標をはっきりと見据えるには、定期的に自分をリセットする必要がある。

世界屈指の成功者たちは、「脱デジタル」「充電」「リセット」の時間を意識的に、日々の

スケジュールの中に作っている。

マイクロソフトの創業者、ビル・ゲイツの例を挙げよう。**ゲイツは「考える週」を作り、この期間は、仕事から、そしていかなるコミュニケーション手段からも完全に離れた。**この期間はただ、考え、学び、休息するだけ。マイクロソフトに関する最高のアイデアは、休息とリカバリーに向けたこの「考える週」の間にひらめいたと本人も認めている。

あなたは、まるまる1週間も休息とリカバリーに費やすなどできないかもしれない。代わりに、**「すべてから離れる日」**を作ることはできるのではないだろうか。仕事を休み、ただ休息とリカバリーのためだけの日を自分にあげるのだ。その間は、いつもの自分の環境から離れるといい。**十分な距離感を持つために、少なくとも車で「30分くらい」は離れたところへ行く**といいだろう。

こうした「すべてから離れる日」には、じっくりと考えたり、リラックスしたり、学んだり、ジャーナル（日記）を書いたりしてみよう。

毎日の習慣や環境から離れる必要がある理由は、自分の生活という名の木から抜け出して森を見ることができるからだ。新鮮な空気を吸いに行こう。断食で体がリセットされるように、あなたも常にストレスにさらされている状態から離れ、深呼吸してリセットする必要がある。

すべてから離れている間は、自分の仕事や生活から完全に離れ、今という時間に集中しよう。ほとんどの人にとって、これは非常に難しい。というのも、テクノロジーや仕事に依存している人があまりにも多いからだ。

そのため最近の心理学の調査では、毎日、仕事から精神的に距離を置くことの重要性が認識されてきている。**メンタルと体をしっかりと仕事から切り離せる人だけが、仕事を再開するときに改めてしっかりと仕事に取り組める**のだ。

自分がやっていることにきちんと集中して向き合うには、定期的な休息とリセットが必要だ。

「あれこれ」をジャーナルに書き出す

「休息」こそ、人が成長しリカバリーする場だ。休息することで、それが何であれ自分の作業に戻ったときに、もっとがんばろうという力がみなぎってくる。

なので、たった1日でも離れる必要がある。忙しい生活から完全に離れ、リセットして自分と再びつながる時間を作ろう。

このリセットを果たすうえで大事なのは、**「ジャーナル」**を取り出してたくさん書くことだ。ただしジャーナルを書く前に、気持ちをしかるべき場所に持っていく必要がある。

だからこそ、いつもの環境から少なくとも30分は離れて、自分の精神状態を整えることが大切なのだ。

自分の精神状態を整える際に、インスピレーションをもらえるような何かを読んだり聞いたりするといい。エクササイズをするのもいいだろう。もしくは、いつも最高の気分にしてくれる仲の良い友達や家族と話すのもいいと思う。**いつもの環境と違うところにいると、自然とポジティブな感情が引き起こされる**ものだ。これから数時間、学び、リカバリー、計画作り、ビジュアライゼーション（目標などの視覚化）に意識を集中するとわかっていればなおさらだ。

いざ実際に書き始めるとき、書く内容として焦点を絞ると良いポイントがいくつかある。

まずは、自分の人生に起こったすべてのことに感謝してから始めよう。

たっぷりと時間を取って振り返り、自分の人生と人間関係の細かい部分すべてを書き出そう。

自分にとって「大切な人全員」について書こう。

自分が「いかに前進できたか」を書こう。

これまでに何らかの方法でリカバリーの機会を設けたことがある場合、そのとき以降「どんなことが起きているか」を具体的に書こう。

ノートに「正直」に打ち明ける

自分の歴史を記録していくのは、ジャーナルを書くうえで非常に重要だ。自分のアイデア、目標、計画にはどんな背景があるかがわかる。

ジャーナルを書いている間は、自分の世界で何が起きているかについて、**徹底的に正直**になろう。自分の人生への喜び（そして苦しみ）について感謝の念を書き出した後は、まだ自分に努力が足りないのはどこか、自分に正直になる必要がある。

至高の状態にいる間は、具体的に変化するべく全力で取り組んでほしい。自分の理想を実現するために必要な変化のうち、鍵となるものを書き出すのだ。

具体的には、頭に浮かんでくるものはすべて書き出す。「変えなければいけないもの」を書き出しつつ、自分が今いる場所に至る原因を作った「不満」や「困難」についても正直に書こう。なぜ思うような変化を実現できなかったのか、その「理由」についても書いてみよう。

自分に思い切り正直になって、赤裸々に書こう。

自分が書いたものを他の誰かが読むわけではないのだから。

なぜこうして書き出すのかというと、自分の考えをはっきりさせて、「優先すべきもの」「焦点を定めるべきもの」を改めて決めるためだ。

自分のジャーナルに正直になれないなら、いったいどうして自分の残りの人生に正直になれるというのだろうか？

気軽に「メッセージ」する

大局的で壮大な夢も書こう。それは、人生のビジョンでもいいし、3〜5年後の目標、3〜12か月後の目標でもいい。

目の前にある具体的な何かに焦点を絞る前に、大局的に見て自分は何をしようとしているのか、時間をかけて考えてみるのもいいと思う。

大局的な目標を書き出すうえで重要な要素は、「なぜそうしたいのか」という目標への動機となる部分だ。**毎日の習慣や忙しさの中で、「なぜ」という視点はあまりにも簡単に見失ってしまう**。

さらに、「最終目標」と「手段目標」は大きく違うこともわかっておく必要がある。最終目標は、自分にとって本当に大事なものだ。何かを可能にしてくれるから欲しいというものではなく、そのもの自体を手に入れたい、とあなたが思うものだ。

たとえば、「良い仕事に就けるように学位が欲しい」という場合、学位を取るのはあくまで手段目標だ。最終目標を最初から念頭に置いておくことで、多くの悩みを避けることができる。**「社会的に期待されているから」という理由で目標を追いかけずに済む。**

電話を手元に置いておくのも良い。ただし、ジャーナルを書いているときや本を読んでいるとき、オーディオブックを聞いているとき、じっくり考えたり内省したりしているときに得た洞察を行動に移す際だけに使うこと。

ジャーナルを書いていると、自分の人生における重要な人について、洞察を得られることが多い。心に思い浮かんだ人には、すぐに何らかのコミュニケーションを取ろう。メールやテキストメッセージを送るとか、電話を入れるなど何でもいい。

私は最近、ジャーナルを書いていたときに、数日前に力を貸してくれた人たちに花を贈ろうという考えが浮かんだ。すぐに電話を取り出し、その人たちの住所に花を贈るよう手配した。それからまた、ジャーナルを書き続けた。

「振り返り」と「計画立て」を一度にする

ここで説明したリカバリーのためのジャーナル書きは、短縮版にしたものか似たような形のものを、「ウィークリー計画セッション」（毎週、前の週の自分を振り返り、これからの週をより良い週にするべく計画を立てる時間）の中に盛り込むと効果的だ。

具体的には、ウィークリー計画セッションで、次のようなことについて書く。

- 先週うまくいったこと（「勝ち」ポイント）
- うまくいかなかったこと（自分がやらなかったこと、自分が手を差し伸べられなかった相手、達成できなかったこと）
- 特筆すべき出来事（友達や家族と一緒に過ごした最高のひととき、仕事での大展開）
- 今後1週間の予定
- 先週学んだことを翌週にどう活かすつもりか
- 大局的な目標（「なぜ」と「最終目標」を改めて思い出すべく、短く箇条書きに）
- 直近の目標（今後1～6か月に向けてすぐに行動に移す目標）
- 来週終わらせるべき具体的な項目

「家族と離れる」ことも視野に入れる

最高のアイデアは、机に向かって仕事をしているときには湧いてこないということが多くの研究からわかっている。あなたの脳は、十分休んでリラックスした状態にあるときが一番働くのだ。

とはいえ、**当然ながら、働いている間に懸命に努力し集中しない限り、休んでいるときにすばらしいアイデアが降ってくることはない**。これは肉体と同じだ。起きている間に限界まで追い込まない限り、寝ている間に肉体がたくましく成長してくれることはない。

さらに、**もっとも深い洞察というのは、決まった習慣をこなしている間にはめったに起こらない**。ルーティンをこなしている間や自宅にいるとき、もしくはいつもの環境にいるときは、自分の周囲で何が起きているかに集中しすぎてしまっているからだ。木を見て森が見えていない状態だ。

そのため、定期的にどこかへ行って、そんな状態の自分を正す必要がある。時にそれは、家族と一緒に休暇を取ることかもしれない。また時にそれは、家族から離れることかもしれない。

そうすることで結果的に、より良い自分、もっとできる自分になって家族を愛し、サポートできるようになる。

5章

「神聖な場所」を作る

宗教、というより「修正作業場」としての

決断さえ下してしまえば、宇宙はそれを実現させるべく、様々に画策してくれる。

——ラルフ・ウォルドー・エマーソン（アメリカの思想家）

飛行機は、乱気流やその他様々なことが原因で、飛行時間の90％をコースから外れて飛んでいる。にもかかわらず、ほとんどのフライトが、正しい目的地に予定時刻どおりに到着する。この現象の理由は非常に簡単だ。**航空管制と慣性誘導システムを使って、パイロットが常にコースを修正しているから**だ。コースの修正は、すぐに対応すればさほど難しくはない。しかし定期的にコースを修正しないと、大惨事を引き起こしかねない。

1979年、257人を乗せたジェット旅客機が、ニュージーランドから南極を目指した。観光目的の往復フライトだ。ところが、誰かがフライトプランを「たった2度」（頻

度ではなく角度）だけ変更してしまった。そのため飛行機は、本来いるべき位置よりも約45キロ東に移動してしまっていたのだが、パイロットたちは気づいていなかった。

南極へと近づく中、パイロットは美しい景色を乗客に見せようと降下し始めた。悲しいことに、間違ったフライトプランのせいで、飛行機の進路は活火山であるエレバス山の真上を通るようになっていた。

コックピットにある計器が、地面の急激な接近を知らせる警告音を鳴らしたときには、すでに遅すぎた。飛行機は火山に激突し、乗客乗員全員が亡くなってしまった。

わずか数度の誤りが、大惨事を引き起こした。**小さなことでも、修正されなければ確実に、大きなものへと発展してしまう。**

私たちの人生は、このフライトに似ている。一見、些細に思えることでも、良きにつけ悪しきにつけ、人生で波紋を広げたり波風を立てたりしかねないのだ。

あなたは自分の人生をうまく操縦できているだろうか？

進路の軌道修正にあたり、どんなフィードバックを受け取っているだろうか？

自分のナビゲーションシステムを、どのくらいの頻度で確認しているだろうか？

そもそも、ナビゲーションシステムを持っているだろうか？

目的地はどこだろうか？

いつそこに到着するだろうか？

今現在、進路から外れていないだろうか？

外れているなら、いつからだろうか？

正しい進路に乗っているか、どうすれば確認できるだろうか？

目的地への道のりを妨害するような乱気流やその他の状況を最小限に抑えるには、どうしたらいいだろうか？


前章では、自分なりの軌道を描くには、いかにして日常から離れ、リセットすべきかについて説明した。本章では、**新たに設定した目標の実現に向けて、その道から外れないようにするための環境を作り、毎日そこで過ごすことがいかに重要か**を説明したいと思う。

この環境はまた、目標や決断を下したときにあなたが味わっていた至高状態を再び作り出すために必要なものとなる。

朝を「ルーティン」で固める

「朝のルーティン」を行う一番の目的は、朝に自分を至高状態に持っていくことだ。そうすれば、その日1日をその状態で進めることができる。何かに依存して、受身で、無意識な状態で朝を過ごすより、儀式的な方法で積極的に自分を至高状態に持っていくほうがずっと良い。

朝の儀式、すなわちルーティンは絶対に必要だ。

なぜだろうか？

それは、「〝いつもの行動を取ってしまう自分〟を超越した状態」をトリガーする必要があるからだ。今とは違う人生を生きたいなら、今とは違う自分にならなくてはいけない。

朝の儀式は、至高状態をトリガーするためのものだ。その状態は、自分は何者になりたいのか、どんな行動を取りたいのかを思い出させてくれる。そしてその日はそれ以降ずっと、その状態で、なりたい自分として行動できる。

人生の軌道を変える環境として最適なのは、次の2つだ。

- 強力で儀式的な朝のルーティンを終えた「朝」
- いつも自分がいる環境とはまったく異なる、学び、成長、つながり、休息、リカバリーにもっとも合うように作られた環境（11章等参照）

今よりもっと高いレベルで生きようと決意するとき、それを実行するには自然とたくさんの抵抗がある。自分の周りの環境は、「今の生き方」に合わせて作ってきたからだ。

メンタルモデルも、今の人生に合っている。そうでなければ、あなたの人生は違うものになっていたはずだ。

そのため、違う生き方をしようと固く決意したなら、その決意に至った経験を再現し続ける必要がある。その経験、そしてそれに伴う考え方が、これからのあなたの「新しい標準」になるように、だ。

なぜ「朝がいい」のか

ということで、自分を定期的に至高の状態に持っていくためのルーティンが必要となるわけだが、ルーティンを行う一番のタイミングは**「目覚めた直後」**にやってくる。起きてすぐにしないと、至高状態で決断したときよりも低い「いつもの状態」にたちまち戻ってしまうためだ。

そうなると、一生懸命がんばったところで、やはり今の現実に合った行動を取り続けてしまう。古いパターンに戻り、今の現実をなかなか変えられないまま、夢は夢のままになってしまうだろう。もしかしたら、しばらくの間は意志力でなんとかしようと思うかもしれない。**しかしそれでは単に、「結局はいつものまま」という結果を迎えるだけ**になる。

そのようになった場合、正直にいえば、自分が決めた「決意」は本当は決意でも何でもなかった、と認めてしまったほうがいい。決意ではなかったというのはつまり、毎日それを実行するほどの強い思いをあなたは持っていなかったということだ。

至高状態へ自分を持っていくほどの思いはなかった。至高状態を作り出すほどの思いも、その状態から毎日を始めるほどの思いもなかったということだ。

自分の求めるものを手に入れるにはまず、どんな状態でいるかが重要だ。そこから行動に移すのだ。「ある状態でいる（be）」→「行動する（do）」→「手に入れる（have）」。**この逆はあり得ない**。

決意をした至高の状態から一貫した行動を取らなくてはいけない。その状態が本当のあなたにならないといけない。そして、なりたい役割やアイデンティティになるための聖なる環境と毎日のルーティンがあれば、あなたは自然と、なるべき人物になれる。

瞑想より「強力なツール」を使う

ほとんどの人は、何かに反応する形で1日を始める。最初にまずスマートフォンを見て、他人の情報でいっぱいのデジタルの世界にすぐに引き込まれる。その日の残りを、注意散漫で流されながら生きるように、自分で自分を仕向けてしまうわけだ。

これを踏まえて、朝のルーティンを行うのが大切である理由をいくつか挙げてみよう。

- 「なぜ」という動機と自分自身を再びしっかりとつなげる

- 自分を至高状態に持っていく

- 心の底からその日にやりたいと思うことに向けて心構えを作る

- 目標達成を自ら妨げる自己破滅的な行動を取らないように、流されるのではなく自分から積極的に行動するようになる

朝のルーティンは、エクササイズ、瞑想、祈り、クリエイティブな作品作りなど、様々なものを組み合わせて行うことができる。どれもすべて朝のルーティンにぴったりだと思うが、一番お勧めなのは「ジャーナルを書くこと」だ。

ジャーナルを書くという行為は、シンプルな瞑想よりもずっと強力だ。目標は文字として書き出したほうが、頭の中に置いておくよりもずっと実現しやすくなるといわれるが、それと同じだ。

洞察、計画、目標は書き出す必要があり、そしてこの「書き出す作業」は毎日しなくて

はいけない。そして洞察や目標を固めて明確にし、確認し、戦略を立てるのは、ジャーナルを書くことを通じてなされるものだ。

ジャーナルを書く行為は、それ以外の重要な活動を10倍も100倍も強力なものにしてくれる。朝のルーティンの主な目的は、「大事なことを最優先させる」ということだ。**緊急性のあるものではなく、人生で大切なものにスポットライトを当てる時間を持とう。**

「締め切り」を自分で設定する

何よりも優先すべきは、自分がその日を過ごしたい精神状態へと自分を持っていくことだ。ここで活用できるのが、「書き記すこと」だ（「瞑想」もいい）。

顕在意識と潜在意識、そして脳のクリエイティブな部分とエネルギーレベルは、睡眠から目覚めたあとが一番良い状態になっている。

朝一番のジャーナル書きは、目標達成に向けて無意識をトレーニングする絶好の機会だ。ナポレオン・ヒルは『思考は現実化する』（きこ書房）の中で、次のように書いている。

「感情を伴った思考は、強い信念と結びつくと、やがて物理的な実体へと変換していく」

朝のジャーナル書きのセッションは、5～15分もあれば十分だ。

毎朝一番に目標や夢を書き出すとき、自分の目標の真実味が増し、達成したい思いが高まる。とはいえ、もしあなた自身が目標を達成できると信じられないのならば、達成できないだろう。もしあなた自身が特定の目標を達成したいと心の底から思えないのならば、おそらく実現しない。

そのため、**毎朝目標を思い出し、信じ、「絶対に達成したい」と思わせてくれる状況に自分を持っていく必要がある**。その結果、自分にとって大切なことから気をそらしたり脱線したりしないように、あなたはその日から毎日、適切な努力を続けられるはずだ。

そういう意味でも、目標は**「肯定文で断定的」**に書くと強力だ。

たとえば、「10万ドル稼ぎたい」「フルマラソンを走りたい」なら、こう書こう。

- (日付)までに10万ドルを稼ぐようになる
- (日付)までにフルマラソンを走る

自分の目標は毎日書こう。その後、目標を達成するには何をする必要があるか、書き出すといい。これには、あなたが手を差し伸べるべき人も含まれる。またそれに関して今週すべきこと、その日にすべきことも含まれる。

自宅外に「聖地」を作る――「駐車場」でもいい

「将来を具体的に思い描く（視覚化、ビジュアライゼーション）」「将来の計画を立てる」「重要な決断を下す」といった活動は、**自分にとって神聖な環境で行うときにもっとも効果を発揮する**。

だからといって、山や寺にこもらなければいけないというわけではない。クリアに考えられる精神状態に自動的に入れるような、あなたにとって特別な場所であれば十分だ。

私の場合、毎日の聖なる場所は「自分の車」だ。ただし、**自宅から離れたところ**に駐車する。トリガーが満ちた白分の車に毎朝乗り込み、自宅の環境から離れる。そしてどこか違う町へ行くか、筋トレ前のジムの駐車場でもいいので、車を駐める。そこで好きな本を読んだり、ジャーナルを書いたり、祈ったり、瞑想したりしながら20分から1時間ほど過ごす。

毎日のこの行動のおかげで、私は間違いなく、刺激を持ち続け、人生の向かいたい方向へと進み続けることができている。毎日の聖なる環境の他に、私は月に数回、自分にとって意味が深い場所に向かって数時間、車を走らせる。**何時間か、世界から完全に切り離された状態になれる場所**だ。

俳優でコメディアンのジム・キャリーは、この原則を使ってものすごいチャンスを作り出した。

子どもの頃、キャリーの家はあまりにも貧しく、フォルクスワーゲンのバンを親類の庭先に駐め、その中で暮らしていた時期もあったほどだった。

しかしキャリーは、自分の未来を信じていた。


1980年代の終わり頃、キャリーは毎日、ロサンゼルスの街を見下ろせる小高い丘の上まで車を走らせた。そこで、映画監督たちが自分の作品を評価してくれている様子を思い描いた（＝ビジュアライゼーション）。ここがキャリーにとっての「聖なる場所」だったのだ。毎晩、丘の上に上った。当時のキャリーは無一文で、成功しようともがき苦しむ若きコメディアンだった。

1990年のある夜、ロサンゼルスの街を見下ろし、将来を思い描きながら、**キャリーは自分宛てに1000万ドルの小切手を書いた**。但し書きには、「映画出演料として」と記して。そして、1995年の感謝祭の日付を記入してから、財布にしまった。自分に5年の時間を与えたのだ。

そして**1995年、感謝祭の直前、キャリーは映画『ジム・キャリーはMr.ダマー』のギャラとして、1000万ドルを受け取った**。聖なる場所で作り上げた夢が、現実になった瞬間だった。

そこを「自分の頭で考える」専用の場にする

あなたにとって、自分自身とつながり、自分の中の整合性を整えるための「聖なる場所」はあるだろうか？　あなたが思案、ビジュアライゼーション、瞑想、祈りをできるような場所はあるだろうか？

あなたの毎日のジャーナル書きは、長期的な成功に向けた土台になっているだろうか？

あなた自身、順調に進んでいるだろうか？

自分に時間を作ってあげているだろうか？

6章 すべてを「整理整頓」せよ

悲しき「収集癖」を乗り越える

映画『インターステラー』の終盤で、マシュー・マコノヒー（クーパー）とアン・ハサウェイ（ブランド）は、すぐ近くにあるブラックホールの引力から逃れようとする。ところが、2人はものすごい力で引き戻されてしまう。引力の外に出るには、自分たちにかかっている力と同じだけの力を少なくとも出す必要がある。ニュートンの「運動の第3法則（作用反作用の法則）」によると、すべての作用には、同じ大きさの反作用がかかっている。

2人の宇宙飛行士は、計画を練り始める（ネタバレ注意）。2人は、宇宙船のロケット燃料を大量に使い、ものすごい力を振り絞る。

しかしクーパーは、この宇宙船のエネルギーでは、引力の外へは出られないと気づいていた。そのため、クーパーはブランドを救うために自らを犠牲にした。宇宙船が十分な勢いを得ると、クーパーは自分の船体を切り離して反作用の力を弱めたのだ。負荷を減らして推進力を上げ、母船（ブランドが乗っている部分）を人類の元へと帰すために。

人間関係が「物理法則」みたいに働く

ニュートンの「運動の第3法則」は、ハリウッド映画のネタとしてぴったりというだけではない。人生においても作用しているうえに、その仕組みを知るうえで効果的な法則だ。人生に存在するありとあらゆるものは、エネルギーだ。そのため、**同じ大きさで反対側へかかる反作用を作り出す**。たとえば、たんすから大量の洋服が溢れ出して部屋を占領しているのであれば、その代償として、本来空いているはずの物理的なスペースが奪われてしまう。それだけでなく、毎朝その日に着る服を探し、服の山をあちこちへ移動させ、処分しなければと思いつつまだ手放せない服のことを考えれば、精神的・感情的なスペースも取られてしまう。**こうしたことは、自分が思っている以上に内面的なスペースを占領しているもの**だ。

そしてあなたはそのエネルギーを常に抱えていることになる。

服のように物理的なものだけでなく、あなたはまた、抑えつけた感情もたくさん抱えている。誰だってそうだ。そしてそうした感情は非常に重く、その引力が及ぶ範囲の外へと出るのはかなり難しい。もっというと、**あなたの人間関係もまるで引力のように、今の環境にあなたを縛りつけている**。ニュートンの「運動の第3法則」だ。

今の環境の外に出る唯一の方法は、その引力の中に自分をとどめている、ありとあらゆるエネルギーと同じ大きさの力を、反対方向に向けて発揮することだ。

これはかなりの力になる。そして間違いなく、**そのレベルの力を発揮するだけのパワーもエネルギーも、今のあなたにはない。意志の力で環境の外へ出て行くのは不可能**だろう。引力の力は極めて強力で、とてつもなく大きいのだ。

片づけるのが億劫で「寝袋」を広げない

ニュートンの「運動の第3法則」を効果的に扱う唯一の方法は、『インターステラー』同様に負荷を軽くすることだ。今の環境にあなたをとどめている過剰なエネルギーをすべて排除する気があなたにあるのなら、その引力から出て行くのに必要な「反対側に向く同じ大きさの力」はずっと小さくて済む。

他に方法はあまりないだろう。**とにかくたくさんのものを取り除く必要がある。**

人生から過剰な荷物を降ろす作業には手間がかかるが、そのままでいるほうがずっと負担になる。なのに生涯にわたり利益をもたらしてくれる小さな作業を今せずに、人はその作業を避け続け、痛みやフラストレーションをずっと抱えたまま生きてしまう。

複数の企業を立ち上げて最高経営責任者を務めているゲイリー・B・セイビンは、おもしろおかしくも教訓に満ちたこんな話をしてくれた。ささいな作業を惜しむことで、人は人生を不要に生きづらくしていることを物語る内容だ。

セイビンは、キャンプをしようとボーイスカウトの男の子たちを砂漠に連れ出した。子どもたちは焚き火を起こし、火のそばで眠った。

セイビンが翌朝、キャンプ場の様子を見に行くと、やけにくたびれた感じの子がひとりいた。セイビンは、よく眠れたかと聞くと、その少年は「あまり眠れなかった」と答えた。理由を聞くと、こんな返事が返ってきた。「寒かったから。火が消えてしまって」

セイビンは聞いた。「そうだね、火は消えてしまうものだからね。寝袋は暖かくなかったのかな?」

少年は何も言わずにただ静かに座っていた。すると近くにいた別の子が大声でこう教えてくれた。**「こいつ、寝袋使わなかったんだ」**

セイビンは驚いて少年に聞いた。「どうして?」

沈黙が続いたあと、少年はばつが悪そうに口を開いた。**「えっと、寝袋を広げなければ、**

たたまなくて済むと思って」

この少年が何時間も凍えてつらい思いをしたのは、〝寝袋をたたむ〟という過酷な5分を過ごしたくなかったから、というわけだ。

人生を、この少年のようにたとえ一晩でも、不要な苦しみの中で過ごしてはいけない。足首についている足かせを軽くするために、まず必要な作業を先にしよう。輝けない環境に自分を縛りつけている、引力の力を思い切り断ち切ろう。

宝くじに当選してもすぐ「貧乏」に戻る

良い人間になるというのは、難しいものだ。自分の人となりが、これまでの人生を築いてきたのだから。あなたの環境は、あなたという人間の成果物だ。自分が磁石となってパターンを引きつける。たとえあなた以外の誰かがあなたの環境を変えたところで、きっとすぐに元どおりに戻ってしまうだろう。**宝くじを当てたほとんどの人が、これまでと同じ貧困状態にすぐに戻ってしまうのはそのため**だ。

ひよこは殻を破るとき、なかなか破けずに苦労するものだ。

そこで見ているあなたとしては、「かわいそうに」とひよこに同情するだろう。殻を破るのを手伝ってあげたいとさえ思うかもしれない。

でももしそんなことをしたら、長い目で見てひよこを助けることにはならない。それどころか、ひよこを殺してしまうかもしれない。というのも、**殻を破るというまさにその苦労が、生き延びる強さをひよこに与えているから**だ。その苦労がなければ、この鳥は生き延びることなどできないだろう。何かに頼って生きる、弱い存在であり続けるだろう。

同様に、**自分の殻を破るには、苦労しなければならない**。自分を押さえつけている引力こそ、あなたが乗り越えるべく学ばなければならない苦労なのだ。

今の人生から自分を切り離すのは、簡単ではないはずだ。

その生き方に利点がなければ、そもそもあなたはそこにいなかっただろう。まずは、今の生き方の利点を認めよう。今いるところを満喫している自分を認めよう。あなたにとって今いるところは快適なのだ。そのため、今のあなたのアイデンティティを作り上げている多く（物理的な所有物、人間関係、気晴らし、期待、言い訳、経歴など）を取り除くのは、難しいはずだ（少なくとも精神的に）。

しかし次のレベルへと進化したいのなら、手放さなければいけない。おそらく離脱症状も出るだろう。元に戻りたい誘惑に駆られることもあるだろう。

しかしもし戻ってしまったら、引力の外へは出られない。今の環境を出て、もっとたくさんの可能性に溢れた環境へと行くこともないだろう。

「持っているだけ」でプレミアがつく

所有物が少なければ少ないほうが、手にできるものは増える。クリアな心を持てるようになる前に、クリアな環境を持たなければいけない。

そこで、定期的に使うもの以外はすべて処分しよう。まずは「クローゼット」から。**「ここ60日間着ていない服」は、すべて取り除こう。「6着」以上は不要**だ。

「台所」も片付けよう。**本当に食べたいと思わない食べ物はすべて処分**する。自分の環境にあれば、きっと食べてしまう。

意志力に効果などない。意志力などという欠陥のある議論について、あなたはこれまで自分に何年も嘘をついてきた。今すぐやろう。台所へ行き、大きなごみ袋をつかんだら、**いらない食べ物をすべて袋の中に放り込もう**。もしその気があれば、袋を2つ使い、ひとつにはごみを、もうひとつにはホームレスのシェルターにあげられるものを入れよう。

いずれにせよ、いらないものを自分の環境から今すぐに取り除こう。きっと信じられないくらい良い気分になるはずだ。

「車」を持っているなら、そこも掃除しよう。車は移動手段、ごみ箱でもなければクローゼットでもない。**あなたの周りの物理的なスペースは、あなたの精神状態を忠実に反映したものだ**。環境が散らかっていれば、あなたの心も散らかっている。あなたが気づいていようがいまいが、あなたは常に環境からの影響を受けている。

「車庫」があれば、そこも掃除する。フリーマーケットに出すのでもいいし、リサイクルショップに持って行くのでもいいし、思い切って全部捨ててしまってもいい。自分が必要なもの、そして実際に大切だと思うものだけを手元に残そう。

ただ持っているから、というだけで物を溜め込んではいけない。「サンクコストの呪縛」理論によると、**人は自分が所有している物について、ただ自分が持っているからというだけで過大に評価してしまう**。こんな意味のないことにとらわれてはいけない。整理しよう。あなたの環境に漂っている意味のないごみに対して、たかだか5分でも無駄に毎日使えば、本当に価値があると思うことの実現をはばむ〝不要な抵抗〟になってしまう。

ガジェットを「靴箱」にしまう

もっとも基本的なレベルにおいて、整理整頓とは**「物に制限を設けること」**だ。

生産性とテクノロジーの専門家アリ・マイゼルは、著書『Less Doing, More Living』(『行動を減らしてもっと生きよう』、未邦訳)の中で、**「人生をきちんと整理するには、あらゆることに上限と下限を定めなくてはいけない」**と語る。

マイゼルは著書の中で、歯止めをかけないと自分はテクノロジーを何でも溜め込んでしまう人間だと説明している。整理を始める前のマイゼルの暮らしは、クローゼットの至るところに電源ケーブルや電子機器が溢れていたという。

しかしマイゼルは、自分の人生にかかっていた引力を減らし、どうしても必要なもの以外は処分しようと決意した。**自分が持てる電子機器の上限を設けることにし、「靴箱ひとつ分あれば十分だろう」と決めた**のだ。靴箱がいっぱいになったあとは、新しく何かを加えたくなったら、他の何かを箱から出して捨てるか売るかしなくてはいけないことにした。「靴箱」が、マイゼルにとって電子機器の上限なのだ。おかげでマイゼルは、電子機器を常に整理整頓したままに保つことができるようになった。

環境を整理整頓するために、制限を設けられそうなアイデアをいくつか挙げてみる。

- 受信箱にはメールを「50通」以上残さない
- 「週40時間」以上は働かない

・「1日10分」以上をフェイスブックに費やさない
・「月4000ドル」以上お金を使わない
・外食は「週3回」まで

本もシャツも「持てる数」を決める——何もかもを「有限」にする

上限はわかりやすい。上限は、「自分がこれ以上したくない」というものだ。しかし下限もまた非常に役立つ。下限は、「自分にとってその線を超えるのはいいが、下回るのは嫌だ」という基準だ。下限の例にはこんなものがある。

・月に少なくとも「1回」は旅行に行く
・週に少なくとも「30マイル（約48キロ）」は走る
・「週1回」は自宅で料理する

整理整頓に真剣に取り組みたいなら、人生のあらゆる側面に「制限」を設けるといい。少なくとも、あなたにとって一番重要な何かには、制限を設ける必要がある。

個人的に私はミニマリズムを取り入れているので、物理的な何かに制限を設けるのはわりと簡単にできる。時折、クローゼットを整理して「着なくなったシャツ」を数枚処分している。

物理的なことに関して私が手に負えなくなるのは「本」だ。なので紙の本を何冊所有するか上限を設ける必要がある。その上限を超えてしまった場合は、何冊かを売るかあげるかする。

また、私が自分に課す制限は、ほとんどが「時間に関するもの」だ。仕事をする時間、子どもたちと過ごす時間、瞑想や祈りをする時間、そして休暇に行く頻度。

しかし物理的環境も、これと同じくらい大切だ。もし環境が散らかっているのなら、あなたの心が散らかっているということだ。**あらゆるものは、あなたが背負って生きなければいけない荷物**なのだ。

でないと、気分転換が「永遠」に続く

「ドーパミン」は脳内にある化学物質で、喜びをもたらしてくれるものだ。そして、私たちが正しい選択ができるように手を貸してくれる。しかし不幸なことに、今日の激しいほ

どに刺激的な世の中においては、**ほとんどの人のドーパミンレベルは崩壊寸前で、短期的なドーパミンの放出に中毒している。**

どの環境も何かしらの刺激に合わせて最適化されており、ほとんどの環境は無意識にドーパミンの放出を求めるようなトリガーで溢れている。そして脳はドーパミン放出に依存するようになってしまう。

環境は依存を促進し、悪循環となるわけだ。

これは現実の世界でどんな感じに見えるだろうか？

ほとんどの人にとってドーパミンは、その人が本来そのときにしていることから、短期的に気をそらすものとしてやってくる。たとえば、あなたは今、仕事で何らかのプロジェクトに携わっているとして、それが順調に進まなくなったとき、もしくは飽きてきたとき、どうするだろうか？　ほとんどの人なら、ただ座って苦しむのではなく、気を紛らわせるために何かするのではないだろうか。

でもどうやって？　おそらく、メールやソーシャルメディアをチェックしたり、何も考えずに数分の間、ネットをサーフィンしたりするだろう。何か甘いものや精製炭水化物をつまみ食いすることもあるかもしれない。

こうした活動はすべて、脳にある快楽中枢にひとときの報酬をもたらす。言い換えれば、

こうした活動の一つひとつが、ドーパミンを放出するのだ。

ドーパミンは、コカインなどの有毒なドラッグを摂取したときに放出されるものと同じ化学物質だ。少しの間は良い気分にさせてくれる。心地が良い感覚だ。

しかし残念なことに、その感覚は長くは続かない。ちょうど、ドーナツのおいしさがすぐに消え失せ、ドーナツがもたらす長い目で見ての悪影響だけが残ってしまうのと同じように、ドーパミンの急激な増加はすぐに消え失せ、「もっと欲しい」という思いだけが残るのだ。

ドーナツの糖分と同じように、衝動的に欲するドーパミンが多ければ多いほど、あなたの脳はドーパミンに強く依存するようになる。

「アプリ」をたくさん削除する

もしスマートフォンを持っているなら、**目標達成の助けになっていないアプリはすべて削除**しよう。**迷わず削除**だ。そのアプリは、あなたの力になどなっていない。あなたの心の庭を散らかす雑草にすぎない。

携帯電話は、自分の周りにはなるべく置かないようにしよう。仕事中に必要でない限り、車の中にしまっておこう。家族と一緒にいるときは、仕事用のかばんの中に入れておこう。心配しなくても、明日必要になったときに、まだかばんの中にあるはずだ。

ドーパミンへの依存と感覚的な快楽の追求は、アメリカ人の一番の目的になってしまった。かつては、より良い未来を築くためには、学んだり、束の間の快楽を犠牲にしたりしていた国だったのに、現代の社会は「刹那的に生きよ」という威圧的なメッセージを発している。そして人々はまさに、そうしてしまっている。

誘惑に目もくれずに突き進んだり、深みのある人生を歩んだりする代わりに、その瞬間のためだけに生きている。その結果、**何かいやなことが起きたり、つらくなったりすると、ほとんどの人は気を紛らわせるようなことをしてドーパミンを放出し、自分を麻痺させる。**

ほとんどの人は、より良い未来を犠牲にして、ひとときの満足にどっぷりと浸かっているのだ。

決め切る――「決断したこと」を忘れる

選択肢は多ければ多いほど、決断を下そうとしなくなる。

バリー・シュワルツ博士は著書『なぜ選ぶたびに後悔するのか』（武田ランダムハウス

ジャパン）の中で、選択肢が多いのは決して良いことではないと説明する。

選択肢がありすぎると決められない状態になり、確信し切れないまま選ぶことになる。

他にも選択肢がたくさんあるため、**自分が選んだものに不満が残ってしまう。**自分の選択は果たして正しかったのかと、**考えてばかりになる。**自分が選択したものに全力で向き合うことなく、**常に他の選択肢を思い出して考えてしまう。**

元プロバスケットボール選手のマイケル・ジョーダンはこう言ったことがある。**「何かを決めたら、それについては二度と考えない」**

これは自信であり、自分自身を信頼しているということだ。もっと良い選択肢があったのではないだろうか、という不安はない。自分の判断を疑問視することもない。

もちろん、何かを選ぶたびに、他の選択肢を選べた可能性は無限にあるということは認識している。選択には必ず、「機会費用」がついてまわる。すべてを手にすることなどできない。

しかし、何か特定のものに全身全霊で取り組むとき、あなたはその事実に満足するものだ。むしろその現実を喜んで受け入れる。というのも、**本当に価値があるものには、犠牲がつきものだ**からだ。そしてあなたは、その犠牲もいとわないはずだ。なぜなら、ほとんどの人が〝いい加減な決意〟と〝うわべだけの約束〟を楽しんでいる間に、あなたはすばらしい何かを実現するという、貴重な経験を味わえるからだ。

「選ぶすべがない」状態を目標にする——〝糖がない家〟が正解

結果として、**選択肢は減らせば減らすほどいい**。そのためには、自分が何を求めているか、または少なくともどの方向に向かっているのか、知っている必要がある。

成功はそれほど難しいことではない。ひとつの方向に向かって20歩進む必要があるというだけのことだ。ほとんどの人は、20の方向に向かって一歩を踏み出している。自分が心から取り組みたいと思っていない、注意力を散漫にさせるだけのものを無駄に追いかけるのはやめよう。

結果を出すと決めたら、他の選択肢をすべて取り除くか、選択肢を選びやすくする決断を下そう。

たとえば、健康になりたいのであれば、不健康な食べ物は家からすべて取り除こう。私たち夫婦がシュガーフリーの生活にしようと決めて行動を開始したとき、子どもたちは家から糖類がなくなったことにほとんど気づかなかった。他の食べ物やおやつはこれまでどおりテーブルや冷蔵庫にあったからだ。**子どもたちにとって、糖分を摂らないという決断**

は環境が整えてくれたため、意志力は必要なかった。好ましくない選択肢を取り去ることで、意志力とワーキングメモリに負担をかけずに済むのだ。

選択するものが少なければ少ないほど、選んだものはより強力になる。単に注意散漫にしかならないであろう選択肢は、すべて取り除いてしまおう。機会費用を受け入れよう。もっと良い選択肢があるのではないかという不安は手放そう。浅はかになるのではなく、深長になろう。

不要なものをすべて取り除いた庭が、どれほど効果的に果物の実を結ぶか、あなたはきっと驚くだろう。それから、自分にとってもっとも崇高な価値と目標に合わせた環境を作り上げたとき、どれほど穏やかに感じるかについても、あなたはきっと驚くと思う。

軍隊のリーダーが簡単に「いじめられっ子」に戻った

過去よりも未来を思わせてくれる人に囲まれて過ごそう。

——ダン・サリヴァン（著名ビジネスコーチ）

人というものは、あなたの人生を満たしてくれるか、生気を吸い取ってしまうかのどち

らかかもしれない。

アメリカの教育者であり、大学の学長も務めたジェフリー・ホランドが以前、長いこと学校でひどい扱いを受けていたある青年の話をしたことがある。

青年は大人になると、軍隊に入った。そして故郷から離れている間に、すばらしい実績をたくさん作り、リーダーになり、高い教育を受けた。青年は過去から離れ、まったくの別人になっていた。

何年か経ち、青年は子どもの頃に過ごした町に帰ってきた。まったくの別人になってはいたものの、**町には昔のままの考えが今もはびこり、青年の帰りを待っていた**。故郷の人たちにとってこの青年は、「町を出て行く前の人物」に変わりなかったのだ。

町の人たちは、青年の身に起きた変化に気づけなかった。物を見る枠がしっかりと固定されたままだったのだ。

そして過去に生き続け、昔と同じように青年を扱った。**悲しいことに、青年も昔に戻ってしまった**。消極的で不満だらけの青年にだ。

しかし今回は、青年自身のせいだった。もともと彼を押さえつけていた、まさにその人たちに囲まれることを彼は選んだのだ。

凡人から離れて「凡人」がうつらないようにする

私の大切な親友のひとりは、3〜6か月ごとに電話をしてきてはこう言う。「今こそ！本気で目標を達成して人生を変えるから」

私が一番がっかりしてしまうのは、**彼女は心からそう思っている**ということだ。

この友達は、10年以上も続いているマンネリからただただ脱出したいと真剣に思っている。彼女は、大きな夢ととんでもない才能、そして飛び抜けたカリスマ性を持っている。本気になれば何だってできるタイプの人だ。いとも簡単に成功できるはずなのに、まったく実現できない。

彼女は、蜘蛛の糸のように自分をがんじがらめにしている人間関係から抜け出せずにいる。**〝凡人〟に囲まれ、そこで快適に過ごしてしまっている**のだ。

あまりにも居心地が良いので、自ら囚われの身になってしまった。特定の人たちと最後にいつ会ったかを聞けば、彼女が10年前からちっとも前進していないのがすぐにわかる。

彼女が本当に下さなければいけない決断は、「自分の夢と矛盾する人間関係をすべて断ち切ること」それだけだ。

友達や家族など、自分にとって重要な人を人生から取り除くのは非常に難しい。「取り除く」といっても、その人たちを永遠に追い出さなければいけないわけではない。あなたが手を貸して支援したいと思っている相手ならなおさらだ。ただ、**ネガティブな影響を与え合わないくらいのところに、境界線を引く必要がある。**

実際のところ、無理にその人たちを変えようと思っても絶対に無理だ。起業家にビジネス・コーチングを提供する企業を創設したダン・サリヴァンによると、**あなたができる最善のことは、その人たちにとっての手本になることだ。そしてあなた自身が、自分がいるべき水準よりも低いところにいたら、良い手本にはなれない。**

頭のごちゃごちゃを「デバイス」にそのまま移す

「ワーキングメモリ」とは、短期的な記憶を指す。そこに物事をとどめておこうとすると、多大な負担がかかる。

何かを一定の期間（数分、数日、数か月など）覚えておこうとしても、結局は忘れてしまうだろう。

しかもこれは、かなりの機会費用になる。今、頭の中にある考えを保つことに執着しているので、心を自由にさまよわせて新しい洞察を得ることなどできなくなるのだ。

深く考え込んだり振り返ったりなどもできない。ワーキングメモリに無理に何かをとどめておこうとすることは、出すものを出せずに堪えなければならないため、まるで、トイレに行きたいのにかなり長いこと我慢しているような感じだ。

こんなことを自分の心にしてはいけない。**何か気づいたことがあったり考えが浮かんだりしたら、すぐに記録しよう。**紙に書き留めたり、ボイスレコーダーに録音したりしよう。考えたものは自分の周りの環境に任せて、ワーキングメモリのスペースを解放しよう。

「連絡」を寝かす意味は本当にない

また**ほとんどの人は、取るべき連絡をつい先送りにしてしまう**ものだ。多くの場合、これは相手への悪意というよりも、怠け心から来る。

たとえば私の場合、友達と数週間後に映画を観にいく約束をしたことがあった。お互いにスケジュールを調整して準備万端だった。この友達とは長いこと会っていなかったので、私はワクワクしていた。予定を立ててからしばらく後、妻のローレンから、その週末は夫婦で外出する予定だと聞かされた。

友達にすぐさまテキストメッセージを送るべきだったのに、私は1週間そのままにしてしまった。というのも、**映画は2週間先だったので、友達にはあとで話せばいいやと思ってしまった**のだ。とくに急ぐ話でもないと、後回しにしてしまった。

「『映画に行けなくなった』とテイラーに話すこと」という考えを、不必要に1週間も自分の頭の中にとどめてしまった。すぐにテキストメッセージを送っていれば、すべて解決することだったのに。地球は変わらず回り続けて、私は気にし続ける必要もなく、テイラーはもっと良い週末の予定を立てられたのに。

2分もかからずにできることなら、今すぐやろう。

クリアに整理された環境を作るにあたっての大きな障害のひとつに、「コミュニケーションのまずさ」がある。

あなたの人生は、あなたの持っている基準が作り上げたものだ。曖昧なコミュニケーションをしようと思うなら、人間関係もまさに曖昧になるだろう。

でも明らかに、これには大きな代償が伴う。それよりももっと良いアプローチは、あなたの人生にいてくれる人たちに敬意を払い、あなた自身のワーキングメモリにも敬意を払うことだ。

「他の人が必要とする情報」を手に入れたときは、正直かつすぐに伝える習慣を身につけよう。連絡するのにまだ数日待っても大丈夫だとしても、先送りにしてはいけない。

今すぐあなたの頭から出して、その情報に対処する時間を相手にあげよう。

取り除くのは「概していいこと」

「何かを取り除く」という行為は、勢いをつけて前進するための一番の近道だ。今の環境から脱却するには、あなたを今の環境にとどめている「過剰な荷物」を降ろさなければいけない。

それには少しの努力が必要だ。しかしそこから得られるものは、その努力をはるかに上回る。人生から取り除くべきものには主に、こうしたものが含まれる。

- 物理的なもの
- 集中力を妨げるもの
- 魅力的ではあるけれど究極的には良くない決断
- 筋が通っていない人
- そもそもするべきでなかった約束
- ワーキングメモリを占有する情報

7章 最初から「悪い選択」がないようにする

環境に自分を「設定」し直してもらう

自宅の台所で、ナイフやフォークをいつもの引き出しから別の引き出しに入れ替えたら、今までしまっていた引き出しについ手を伸ばしてしまう癖が直るまでに、一体どのくらいかかるだろう？

行動をすぐに変えられる簡単な方法として、**何かの選択肢の「初期設定」を変えるというやり方**がある。

人は多くの場合、最初に与えられた選択肢を選ぶものだ。ゆえに多くの環境において、無意識の行動をトリガーする初期設定のほとんどは、最適な選択肢とは言い難い。

そうして人は知らず知らずのうちに、平凡なレベルでしか能力を発揮していない場合が多い。これは単に、環境がそのような設定になっているからだ。

突然、両面印刷設定にして出た文句は「0」

米ラトガース大学では、学内のパソコンルームであまりにも紙が無駄遣いされすぎていたため、プリンターの初期設定を「両面印刷」にした。

この小さな行為のおかげで、前期だけで739万1065枚の紙が節約できた。1年で換算すると、だいたい1280本の木を守れたことになる。

片面だけに印刷したい学生は手動で設定しなければならなくなったが、大抵の人は印刷の仕方をとくに気にはしていなかった。初期設定を変えたことで、ずっと簡単に紙を節約できるようになった。

あなたの行動の初期設定はどうなっているだろうか？

最近では、注意散漫になる行動が、ほとんどの人の初期設定になっている。1日の終わりに、ポテトチップスを手にしてテレビをつける。もしテレビとポテトチップスがなかったら、あなたなら何をしただろうか？　妻と私は、生活から「コマーシャル」をなくした（**平均的なアメリカ人は、人生のうち4年間をコマーシャルを見て過ごす**）。民放テレビ局を観るのをやめ、ストリーミング端末を使ってテレビを観るようにしたのだ。

初期設定になっている行動で難しいのは、その行動がしっかりと体に染みついており、外の環境によって引き起こされているという点だ。逆にいえば、環境が行動を刺激しているため、**壊す必要があるのは行動ではなく環境のほうだ。**

「いい檻」に入ったら「いいネズミ」になる

1970年代、カナダ人心理学者のブルース・K・アレクサンダー博士は、依存症への理解を深めようとネズミを使って研究していた。

小さな檻にネズミを1匹入れて、いくつかの実験を行った。檻の中には、水が入ったボトルを2本入れる。1本は通常の水、もう1本はヘロインまたはコカインを加えた水だ。**ほぼ100%、ネズミは麻薬が入った水に夢中になり、死ぬまでその水を飲み続けた。**

アレクサンダー博士は、なぜこんなことが起こるのか考えた。そして1978年、博士はさらに実験を行う。このときの実験はその後、薬物依存症患者の理解に大革命をもたらすことになる。

サイモン・フレーザー大学から資金を受けた博士は、通常の研究で使われるネズミ用の檻よりも広さ200倍の床面積を誇る、イエネズミの巨大コロニーを同僚とともに作り上げた。この「ネズミパーク」の実験は、当時の大発見へとつながった。環境と依存症は、根本的に関連があるとするものだ。

ネズミパーク内には、ネズミが楽しめる様々なものが豊富に用意してあった。山ほどのチーズ、楽しいおもちゃ、走り回れるオープンスペース、探索が楽しめるチューブ。そして何よりも大事なのが、**「一緒に過ごせるネズミがたくさんいた」**という点だ。ネズミパークにはまた、前の実験で使われたものと同じ、水が入ったボトルが2本用意されていた。1本は通常の水、もう1本は麻薬が入った水だ。

興味深いことに、このネズミパークでは、ネズミは麻薬の水をほとんど飲まず、代わりに通常の水を好んだ。他の個体と交流のない小さな檻に入れられたネズミのように、衝動的に麻薬の水を飲んだり、オーバードーズ（過剰摂取）になったりする個体は一切いなかったのだ。

ベトナムから「帰国」したら依存症が治った

このネズミの調査は、人間に起こった〝ある出来事〟に似ている。

ベトナム戦争のときに、米軍部隊の間で薬物依存症が蔓延した。

米兵270万人のうち、20%近くが海外にいる間にヘロイン中毒になった。この状況に対し、当時のリチャード・ニクソン大統領は、邪悪な麻薬と戦うための専門組織「薬物乱用防止対策局」を新しく設立すると発表した。

防止とリハビリテーションに向けたプログラムを整え終わると、ニクソン大統領は、麻薬依存症の軍人が赴任先から帰国したら調査を行うよう指示した。

この仕事の責任を負った人物は、リー・ロビンス博士という高名な精神医学の研究者だった。命ぜられた仕事を遂行できるよう、ロビンス博士には下士官兵と面会できる幅広い権限が与えられた。

ロビンス博士はまず、ベトナムで兵士全員にテストを行った。薬物に依存していると自己申請した兵士は案の定、全体の20%近くに上った。依存症になっている兵士は、ヘロインが体から抜けるまでベトナムに残るよう指示された。その後、兵士たちがアメリカに帰国して普段の生活に戻ると、その生活ぶりが観察された。

しかし意外なことに、**依存症患者だった兵士のうち、帰国後に薬物依存がぶり返してしまったのは、わずか5%**だった。

この結果は、科学的に説明できなかった。当時の研究によると、こうした兵士たちの脳はヘロインに依存するようにできてしまい、衝動的にその状態へと逆戻りする以外あり得なかった。

この結果に皆が憤慨し、調査の正当性に疑問を投げかけた。薬物乱用防止対策局の運営をニクソン大統領から任されていたジェローム・ジャフィは、ロビンス博士についてこう述べた。

「彼女が何かしら嘘をついているか、何か間違えたか、もしくは政治的な力がかかっているかだと誰もが思った。博士は何か月も、もしかしたら何年も、自分の調査の正当性を主張し続けた」

ベトナムで依存症になっていたからといって、アメリカでも依存症になるとは限らないのだ。

「喫煙所」を見るだけで吸いたくなる

当時、兵士たちの行動は誰にも理解できなかったが、ロビンス博士がこのときに発見したことは45年経った今、広く受け入れられている。

人はほとんどの場合、環境から出された合図を無意識に受け取って行動している。たとえそれが、関わりたくないと思うほど嫌悪している行動であっても、だ。

たとえば、デューク大学の心理学者デイヴィッド・ニール博士は、こう話す。**「喫煙者にとって、自分の職場が入っている建物の入り口（自分がいつもたばこを吸っている場所）の景色は、『その行為をせよ』と心に訴えかける強力な合図になる」**

合図を受け取るサイクルを繰り返せば繰り返すほど、合図は浸み込んでいき、なかなか抵抗できないものになる。しかし、喫煙者の駐車場所と建物へ入る場所の初期設定を変えることで、喫煙者が受けるこのトリガーを取り去ることができる可能性はある。

ウェンディ・ウッド博士は、環境にあるトリガーがなぜそこまで強力なのかについて、重要な理由を説明している。「**私たちは、環境から影響を受けているとは感じないものだ。**しかし実際のところ、環境としっかり一体になっている」

ニール博士とウッド博士によると、依存症などの好ましくない行動を変える一番良い方法は、「自分の環境をぶち壊すこと」とのことだ。たとえば、**真夜中に衝動的に何かを食べたくなったら、利き手ではないほうの手で食べる。**たとえそれがどんな小さなことであれ、**変化を作る**のだ。

そうすることで、一連の行動を変えることができるうえに、**自分の行動の原動力となっている、すでに学習してしまった体の反応をも変えることができる。**これにより意識を再びその瞬間に引き戻すことができ、今まさに下そうとしている決断について、自分が本当に望んでいることなのだろうか、と考える時間を脳の前頭葉に与えることができるのだ。

ウッド博士はこう説明する。「これは、〝本当に自分はこれがしたいのか？〟と考えられる、ほんの一瞬のチャンスだ」

以上を踏まえると、ベトナム帰還兵が依存症に戻ってしまった割合がなぜあれほど低かったのかを説明する一番有力な説は、**ベトナムで身体的な依存症の治療を受けたあと帰国した場所が、ヘロイン依存になっていた場所とはまったく異なる環境だったから**、というものだ。

依存症もまた、環境の影響を受ける。特定の状況においては依存症が初期設定になっていても、別の状況においては、依存症が選択肢にさえもならないのだ。

たとえば喫煙者は、何かのアクティビティに夢中になっていたり、何らかの状況にいたりするときは、たばこを吸わずに何時間も過ごせるものだ。喫煙者のほとんどは、飛行機に乗っているときはたばこを吸いたいとは思わないと認めている。その状況では、喫煙は単に選択肢に上らないのだ。その結果、吸いたいという思いは続かず、気持ちは別のことに集中する。

「有害なデフォルト」を変える原則――テクノロジー、食、仕事、ポルノ……

あなたは今、「依存症になるのが当たり前」という文化の中で暮らしている。あなたがいる環境はトリガーに次ぐトリガーで溢れているため、**環境を自分でコントロールしない限り、めちゃくちゃな人生が初期の設定になってしまう**と心得てほしい。

ほとんどの人にとっての初期設定は、「流されながら受動的に生きるもの」になっている。テキストメッセージやメール、その他様々な通知に反応する生き方だ。

今の環境は、要求が多く、極端になりすぎ、プライバシーに深く入り込み、これ以上無視できないものになってしまった。

私たちは誰もが中毒になり、依存し、ぼろぼろだ。これまでにないほど自由と繁栄が手に入りやすい状態であるにもかかわらず、同時にこれまでにないほどそうしたものに手が届かない状況になっている。経営思想家のピーター・ドラッカーの言葉を借りるなら、こうだ。「数百年後、今の時代の歴史が長期的な視点から書かれるとき、歴史家がもっとも重要視する出来事は、テクノロジーでもインターネットでも電子商取引でもないだろう。**人類の環境が過去にないほど変化を遂げた**という点だ。文字どおり初めて、かなりの数の人が選択肢を手にし、その人数は今も急増し続けている。**これまでで初めて、人は自分で自分を管理しなければならなくなった**。そして社会は、こうしたことに対応する準備がまったくできていない」

環境を一番大事なものと位置づけない自己啓発の戦略は、誤っている。もしかしたら、今のように指先ですべてができてしまう時代でなければ、うまくいったかもしれない。しかし今、誘惑はあまりにも強力で、ドーパミンへの依存はあまりにも根強い。

悲しいことだが、**これからの世代のほとんどは、人生に本格的に乗り出す前に失敗するようにできてしまっているかのよう**だ。これほどまでに魅力的で、脳内の報酬系が喜ぶ「刺激物」に自分を試された世代は、いまだかつてなかった。

これからの世代は、自分の環境を形作るという点にかなり慎重になって取り組まない限り、希望などほとんどないに等しい。

私たちの文化にある初期設定の中でも、もっとも蔓延していて依存しやすいのは、「テクノロジー」「仕事」「食べ物」「麻薬」「ポルノ」「人」に関するものだ。

自分の環境に存在するトリガーのうち、無意識に依存症のような行動を取らせるものは、途絶しなければいけない。そして、他の人たちとの関係の質と密度を深める必要がある。私たちの文化は、お互いからますます切り離されるように形作られつつある――依存症が感染病のように広がりやすい土壌ができているのだ。

しかし、深遠で意義深い人間関係を築いていれば、不健全な依存症にはまる可能性はずっと低くなる。

これから説明するのは、自分の環境にある**「有害な初期設定」を打開するための4つの原則**だ。

原則1：「ガジェット」と距離をとる——1日85回以上スマホを見るハメに

ほとんどの人は、テクノロジーを動かすのではなく、テクノロジーに動かされてしまっている。目覚めて数秒のうちに、テクノロジーという名の主があなたを奴隷にしてしまうのだ。そして仕事をしている間ずっと、メールやソーシャルメディア、または好奇心をそそるウェブサイトに触れて新たなドーパミンの刺激を受けない限り、あなたは数分も集中していられなくなる。

ある研究によると、平均的な人はスマートフォンを1日に**「85回以上」**チェックし、ウェブサイトやアプリで**「5時間以上」**を費やしている。

おもしろいことに、**人が携帯電話をチェックする回数は、自分が思っている回数の倍以上に達する**という。たとえば、あなたは車の運転中、信号待ちで携帯電話をチェックしなかったのはいつだっただろうか？　携帯電話は車の収納ボックスにしまっておこう。

あなたがもしスマートフォンなどを使って何時間も無意識に過ごしているのなら、どうして仕事や人間関係にきちんと向き合えるだろうか？

スマートフォンを不健康に使うことで起こる弊害には、たとえばこんなものがある。

- うつ、心配性……「日常生活への支障」の増加
- 「睡眠の質」の低下
- 「心理的・情緒的な健康」の悪化
- 「ストレス」の増加
- 学生の場合は「成績」の低下

親は良くも悪くも「見本」になる

ある研究によると、**親がスマートフォンの使い方についてきちんと考えて配慮している場合、その子どももテクノロジーとの健全な関係を築ける可能性がずっと高くなる**という。反対に、もし親が受動的かつ衝動的にスマートフォンを使うのであれば、その子どもたちが違う使い方をするなどと、どうして期待できるだろうか?

多くにいえることだが、**親は子どもに何をすべきか命令するわりに、自分自身ではなかなかそれを実行できない**。

子どもが何かを学ぶときに使う最初のテクニックは、「観察」と「物まね」だ。瓶の中で訓練されたノミが次の世代では見えないバリアに閉じ込められてしまったように、子どもにとっては親の行動が基準となる。

「スクリーン」から離れて眠る

他の調査でも、「就寝前1、2時間以内のノートパソコンや携帯電話の使用」には、悪影響があることがわかっている。**具体的には、就寝1、2時間前に画面を見るのをやめた人は睡眠の質が非常によく、睡眠障害も少なかった**。

この調査を行った研究者は、シンプルにこのように結論づけた。**「健全な心と体のため**

には、寝る前のデバイスの使用を制限するべきだ」

1週間に1日はリカバリーする日を設けよう。あなたが信仰する宗教がなんであれ、このリカバリーの日を**「安息日」**と考えるのだ。**あなた自身が休息する日**だ。

この休息日を活用できれば、そこからの1週間は確実に集中でき、効果的に過ごせるだろう。仕事の後に毎晩、デジタル断ちすべきであるのと同じように、週に1回は、体からは食べ物を、脳からはテクノロジーを、完全になくしてあげるべきだ。

テクノロジーへの介入はまず、毎週の「デジタル断食」から始めよう。この断食は、24時間、スマートフォンをチェックせず、インターネットも使わないで過ごす取り組みだ。

デジタル断ちの目的は、自分自身そして大切な人と改めてつながり直すことだ。

テクノロジーから離れたことがないのなら、将来、精神的・身体的に蝕まれてしまうだろう。そんなふうに思えないかもしれないが、**テクノロジーは確実に体にストレスをかけている。**

この継続的なストレスが、あなたの体をサバイバルモードにし、脂肪を燃やすのではなく溜め込むようにしてしまう。**スマートフォン中毒は太る**のだ。精神的にも肉体的にも健康でいたいなら、自分に休みをあげよう。リセットして休息する必要がある。

原則2：仕事から「完全に離れる」時間が必要——絶対に

常につながり合っている私たちの文化では、ワーク・ライフ・バランスはもはや「過去の贅沢」となった。

1930年代、経済学者たちはテクノロジーがいかに就労時間を短縮させるかに驚嘆し、自分たちの孫の世代（つまり私たち）は「週にわずか20時間程度しか働かなくなるだろう」と予測した。仕事の大半をこなす技術やロボットが開発され、私たちは楽しく有意義に過ごす自由な時間をもっと手にするだろうと学者たちは考えたのだ。

しかしそうはなっていない。

実際の私たちは、かつてないほど長い時間を仕事に費やしている。そして仕事をしていないときでも、常にネットでつながった状態にある。

「いついかなるときでも連絡が取れる」というのが、私たち（とりわけミレニアル世代）の初期設定になっている。これは立派なことでもないし、効果的でもない。

産業保健心理学の分野ではかなりたくさんの研究が行われており、**「集中して効果的に仕事をこなすには、心理的に仕事と自分を切り離す方法を学ぶ必要がある」**という結果が出ている。

本当の意味で心理的に分離するには、**仕事をしていない間は仕事に関連した活動や考えを一切しない**ことだ。つまり、**体だけ仕事から切り離すのではなく、精神的・感情的にも切り離す**ということだ。

研究によると、心理的に仕事から離れられると、次のことを経験するという。

- 「仕事からの疲れ」が減る。物事を「後回し」にしなくなる
- 仕事でもっと「集中」できるようになる。つまり、活力、献身、熱中（すなわち「フロー」）といえる状態になる
- 生活の質に直接関係する「ワーク・ライフ・バランス」が向上する
- 「結婚生活への満足度」が向上する
- 「精神的な健康度」が高まる

仕事しすぎて「仕事できない人」になる

仕事からきちんと離れないと、うつになる可能性がずっと高くなり、人間関係は損なわれ、健康も害してしまう。あなたは、すべてがつながった「システム」なのだ。

もし激しくバランスを崩し、休息が取れていないなら、一体どうして健康的で活力に満

ち、今に集中できるというのだろうか?

人はテクノロジーなどで常時つながっているため、かすかなストレスを常に受け続ける。このストレスは無意識で受けているものだが、それでも**心と体を老けさせる**。

きちんと休息もリセットもしていないことで弱くなり、それと戦うために、人は刺激物に依存して、なんとか前へと進む。なんとも皮肉な話だ。

仕事を心理的に切り離す唯一の方法は、「初期設定」を変えることだ。自分の仕事環境を打ち壊す必要がある。

仕事やテクノロジーに健全な制限を設けると同時に、同僚に対しては、「今後は1日のうちに特定の時間は返事ができないようになる」と伝えたほうがいいかもしれない。同僚は怒るよりむしろ、自分を大切にするあなたを尊重してくれるだろう。

デバイスを「機内モード」にする

それから、仕事を心理的に自分から切り離すためのルーティンが必要となる。もしくはどうせなら、**「儀式化」**してしまうことだ。

オンモードだった心のスイッチを、パチンとオフモードに切り替える。こうすることで、家に帰り、大切な家族のために心も体もそこにいてあげられるようになる。

この儀式は**1分、長くても2分程度**としよう。たとえば**その日（もしくはその週）の仕事を終えて帰宅する前に、翌日または翌週の最優先事項を書き出す**。考えを書き出したら、いつまでもそのことを考えたり、覚えておくよう努力したりする必要がなくなる。書き出して自分の頭の外にある環境に任せたからだ。

仕事から離れる前に、もし誰かに連絡をしておく必要があればしておこう。そして最後に、携帯電話を**「機内モード」**にする。これが、強制的に行動させる強力な「強制機能」となり、フローの状態をトリガーしてくれる。

携帯電話に関しては、機内モードにするだけでなく、職場に置いていくか、かばんにしまっておけばベターだ。これが付加的な強制機能となり、「機内モードをオフにしてちょっとだけチェックしよう」などと惑わされないようになる。

とにかく、自分を高いレベルに維持しよう。プライベートもしっかりと充実できるように、仕事から自分を切り離そう。**仕事、そしてあなたを必要とする人たちは、あなたが明日仕事に戻ったときもきっとそこにいてくれる**だろう。

本書を書いているとき、私はたびたびノートパソコンを自宅に持ち帰らずに、仕事場に置いてきた。こうすることで、ときどき無意識に「ノートパソコン」をチェックしてしまうようなことができない状態にしたのだ。

ノートパソコンが家にあると、誘惑が大きすぎる。これもまた、今のうちにひとつ決断を下しておいて、将来の決断を下しやすくするか、そもそも決断自体を不要にすることを目指したものだ。

今決断を下しておけば、その後は二度と考えずにすむ。フローをトリガーし、自然かつ当然な結果として最高の価値観に沿って生きられる、そんな状況を作ろう。

「翌朝」まで音信不通になる

仕事先から帰宅する際には、家族と一緒に過ごすための準備として、肩の力を抜くべく音楽を聴いたり、勉強しているものの教材を聞いたりするのもいい。**自分と仕事の間に境界線を作れないのなら、本当の意味で効果的な仕事はできないだろう**。

仕事で集中モードになっているときは、深刻な緊急事態でもない限り、「まったく連絡がつかない状態」になっているべきだ。それと同じように、自宅で大切な家族と一緒にいるときは、家族以外の外の世界（たとえば仕事先など）からは、まったく連絡がつかない状態にするべきだ。

仕事に関していえば、「緊急事態」といっても、ほとんどの場合は本当のところ緊急の事態ではない。どんなことでも大抵は、翌朝まで待てるものだ。

身体的にも精神的にも連絡がつかない状態になれば、これまでとは比べ物にならないくらい、その瞬間に集中した生き方ができるようになる。大切な家族と一緒に過ごす時間に集中することで、深い満足感を得られるだろう。

他の人たちに意識を集中するようになるため、あなたの愛情や好意を、相手はもっとしっかりと感じてくれるようになる。相手にとってはまったく初めての感覚か、もしくは随分と長いこと味わっていなかった感覚になるだろう。

前出のダン・サリヴァンの言葉を借りるなら、こうだ。**「自分がいるのがどこであれ、必ずそこにいるようにしなさい」**

原則3：「奴隷」をやめる——「コーヒー」すら隷属の結果かもしれない

たとえばカフェインのように、依存性のある薬物や食べ物に対するあなたの初期設定は何だろうか？　ほとんどの人と同じように、あなたも朝のコーヒーなしには頭が働かないかもしれない。

カフェイン自体は、悪いものではない。問題は、人々がカフェインを初期設定とし、依存してしまっていることだ。「朝、1杯のコーヒー」が初期設定である必要はまったくない。カフェインなしでも、きちんと日常生活を送れるはずだ。

私がここで伝えたいのは、カフェインなど依存性のあるものは、衝動ではなくきちんと意識して使用すべきだということだ。基本的なルールとして、何か行動するときは、衝動によるべきではない。

何かをできるからといって、必ずしもそれをする必要があるわけではない。もしするのであれば、せずにいられないからするのではなく、あなた自身がしたいからするべきだ。

では、「1日MAXに集中」するには？

研究によると、**人がカフェインを摂るのは、1日8時間の労働が大きな理由のひとつ**となっている。時代遅れの文化的な初期設定のせいで、人はカフェインに依存してしまっているのだ。

朝9時から夕方5時までの勤務時間というのは、心理的にも身体的にも理想的ではない。ほとんどの人が体ではなく頭を使って働く今の時代ならなおさらだ。

頭脳を使う仕事は、体を使う労働よりもずっと負担が大きい。私たちの脳は重さわずか1キロちょっとだが、体のエネルギーの20％以上を吸い取っている。

精神的に本当に集中できるのは、1日のうちに4～5時間。効果的に働くなら、**1時間半～2時間の集中時間と、その後はどこか違う環境で20～30分間の回復時間を過ごす**、という「集中的訓練」の形を取るべきだ。

カフェイン、テクノロジー、またはその他の何かしらを使うのであれば、衝動や依存からではなく、直感と本能に従おう。それには、自分の環境がどんな状態であるかを常に気にしている必要がある。というのも、ほとんどの環境（仕事への文化的な価値観を含む）は今や、中毒や依存を引き起こすように作られているからだ。

原則4：結局、人間関係——一番ものをいうのはここ

依存症の反対は「つながり」だ。依存症とは実のところ、人との健全なつながりの欠如が顕在化したもので、孤立と孤独の産物であり、さらなる孤独を生む悪循環を作り出す。

依存症のセラピストであるクレイグ・ナッケンは、依存症状を抱えている人の心理をこう表現する。

「依存症を抱えている人の人生には、常に依存症に関連したものが溢れている。その人は、人との親密な関係を恐れるようになってしまい、そこにつながりそうなものを避けるようになる。依存症患者はしばしば、自分の問題を人のせいにする。人は自分をわかってくれないと思い込み、人を避けるようになる。しかし孤立と孤独のせいで、人と感情的にはつながりたいと心の奥で強く願うようになる。**依存症患者はひとりになりたがるものの、心**

の奥底にある自我の部分では、ひとりになるのをとんでもなく恐れているのだ」

TEDトーク「依存症――間違いだらけの常識」の中で、ジョナサン・ハリは依存症から脱出するには人間と深くつながることだと説明する。自分の行動は、自分だけでなく他の人にとっても大切なのだと信じる必要があるのだ。

ハリはTEDトークの中で、次のように話す。

「みなさんがTEDに来るチケットを買うお金があるということは、今後半年間、ウォッカを買って飲み続けるお金もあるということです。でもそんなこと、しませんよね。そしてそれをしない理由は、誰かに止められているからではありません。**あなたが一緒にいたいと思う人との、絆やつながりがあるから**です。あなたには大好きな仕事や愛する人、そして健全な人間関係があります。依存症の核の部分にあるものはつまり、『(一般的に思われるような) 人生に耐えられない』という思いではないのです」

意義深い人間関係がないとき、その空洞を他の何かで埋めようと必死に探し求めるのだ。

友人の数が「半減」した

私たちの文化は、これまでにないほど依存症になりやすくなっており、そして依存症を受け入れてもいる。

環境問題専門家のビル・マッキベンは著書『Eaarth : Making a Life on a Tough New Planet』(『厳しい新惑星で生きる』、未邦訳)の中で、こう書いている。「私たちは、隣人がいない生活スタイルを発達させてきた。**アメリカ人は50年前と比べ、家族や友達と一緒に食事をする機会が平均で半減**している。**親しい友人の数も平均で半減**している」

インターネットにより密接につながっているにもかかわらず、人はこれまでにないほど孤独になっているのだ。

その孤独な環境の中で、依存症を誘発する合図はこれまでにないほど強力なものになっている。そのため、人は破滅的なサイクルにはまり、ドーパミンのレベルをいつもの状態に戻す方法を常に探し続けるのだ。

不幸なことに、快楽を追い続けたことが原因で自信を失ってしまったとき、助けを求めて、社会的支援を受けるというのはなかなかできない。おそらく、**「人に助けを求めるよりもまず、自分をなんとかしないといけない」などと独り合点する**のだろう。結局のところ、今の自分と人間関係を築きたい人なんているわけがないのだ、と。

その結果、自分を助けてくれるであろう人たちとはずっと離れたまま、依存症から抜け出そうと意志力を使ってがんばろうとすることになる。

ここでも「意志力」が足を引っ張る

古い映画で「砂地獄」が描かれることがある。ヒロインの女性が砂に飲み込まれ、それを助けようと主人公が勇敢にも砂の中に飛び込む――というものだが、この描写は正しくない。本当の砂地獄は、人を引きずり込み、飲み込んでしまうわけではないのだ。

砂地獄にはまった人が死ぬ理由は、「脱水」だ。砂地獄にはまって死んでしまう人は、孤独で、誰も助け出してくれる人がいないから死ぬのだ。

自力で脱出しようともがけばもがくほど、その動きの一つひとつが、さらに砂の深みへと体を送り込んでいく。そしてついには、頭しか出ていない状態になってしまう。つまり、**意識を高く持って意志力でなんとかしようとしたところで、さらなる深みへはまってしまうだけ**なのだ。

意志力など意味がない。そして自分の力だけでがんばるのも、意味がないのだ。

「従順」になる場所があると強い

砂地獄から引き出してもらうためには他の誰かの助けが必要であるように、依存症から抜け出したければ、社会的支援（外的環境の変化も含めて）が必要だ。それはたとえ「ソーシャルメディア」や「カフェイン」といった一見無害な依存でも同じだ。歯を食いしばって自力でなんとかがんばろうとすると、さらなる深みへとのめり込んでいくだけだろう。

私の友人は最近、リハビリテーションの施設に半年間入所した。自分のふるさとには思い出や何らかのトリガーがあるため、意図的に〝遠い環境〟を選んだ。友人はすぐに、新しい環境が、自分の闇の部分、つまり何年もずっと押さえつけてきた内なる悪魔と対峙するのにぴったりであることに気づいた。

リハビリに入った最初の1~2か月は、グループと距離を置くような行動を取っていた。しかしそのうちに、依存症から抜け出す唯一の方法は、**「おとなしく従うこと」**だと友人は悟った。弱さは絶対に必要だし、つながりが鍵となる。私の友人のように傷ついているのならなおさら、恐怖を感じるだろう。

すべての依存症患者、そして実のところ人生で永続的な癒しと変化を求めているすべての人は、私の友人がそうしたように、最終的には苦い現実と向き合う必要がある。依存症は、意志力では克服などできない。**人生を自力で変えることなど無理**なのだ。

他の人が必要だし、他の人を信頼できるようにならなくてはいけない。変化を起こすには他者との協力が絶対不可欠であり、そして協力とは「2人以上」で行うものだ。

全体は、単なる個々の合計以上のものとなる。自分自身の物語を自分で書こうとせず、自分の身を他の人に完全に任せて、あなたは自分が信じるものに打ち込もう。

心理学者でもあったヴィクトール・フランクルはこう話す。

「人生の本当の意義とは、人間の中またはその精神の中ではなく、世界で見つかるものだ。この構造的性質を私は『人間存在の自己超越』と名付けた。**他のことに仕えたり、他の人を愛したりして、自分自身を忘れれば忘れるほど、その人はより人間らしくなり、自己を実現していく**。自己実現と呼ばれるものは、手に入れられるような目標ではまったくない。その理由は単に、それを手に入れようと努力すればするほど、見失ってしまうものだからだ。言い換えれば、自己実現は唯一、自己超越の副作用としてのみ可能なのだ」

「すばらしい人間」がいいわけではない

健全な人間関係を持つために、すばらしい人物である必要はない。**ただ誠実で正直であればいい**のだ。

相手にきちんと集中し、他の人たちを心から気に掛ける。これをするには、携帯電話を体から長い時間離しておくことが必要となる。

また、自分の価値観、信念、目標について正直でいなくてはいけない。自分は何者か、そして何者になりたいかについて他の人に正直になれないのなら、あなたの人間関係は希薄なものとなるだろう。もし正直に気持ちを伝えられるのならば、人はきちんと理解してくれる。

人生において、他の人たち以上に大切なものなどない。まったく何もないのだ。

あなたがいつか手にする影響力のあるすばらしい仕事でさえも、他の人の大切さには勝らない。とりわけ、配偶者、子ども、近しい家族、親しい友達――あなたにとってもっとも深い喜びや意義は、この人たちがもたらしてくれる可能性が高いし、そうあるべきだ。

こうした人間関係こそが、「最高の自分になって人生で最善を尽くそう」と思わせる推進力になる。「ものすごいモチベーションをくれる人」となり得るのだ。

私の場合、妻と3人の子どもたちのために、自分の人生と環境をこのように意図的に形作ってきた。私の人生にとって第一の目標は、家族をきちんと養うことであり、家族から誇りに思ってもらうことなのだ。

8章 「サボタージュ」に反旗を翻す

「折れない心」はない。ならどうする？

休息に最適化された「強化された環境」において欠かせないのは、意志力の必要性を外に任せること、つまり「アウトソース」することだ。

とはいえ、すべての環境をコントロールすることなどできない。時には、自分の目標に反する行動を取るようなトリガーに突き動かされることもあるだろう。

そんなとき、そうしたトリガーへの対応は、意志力に頼るのではなく自動でできるように設定しておく必要がある。言い換えれば、**「トリガーのためのトリガー」を作る**ということだ。

サボりたくなるようなトリガーがあったとき、まさにそのトリガーをトリガーとして何かポジティブなことをするようにする……。

複雑すぎるだろうか？　そんなことはない。これは**「実行意図」**と呼ばれており、組織心理学やモチベーション心理学ではよく研究されている考え方だ。

自分が自己破滅的な反応をしてしまうとわかっているものを環境にアウトソースしてしまえば、あなたの中の整合性が高まるため、休息とリカバリーのレベルもまた深まる。

もっとも根本的なレベルにおいて、「休息」とは心と体を整えることであり、穏やかでありながらどっしりと自信に満ちた状態でいることに他ならない。自分が目指す目標に反するような行動を常に取り続けてしまうようでは、揺るぎない自信を保つことは難しいだろう。

「条件の力」で乗り切る——どうしても「ポテチ」が食べたくなったら？

実行意図とは、自分が進路から外れてしまったときに何をすべきかを事前に決めておくことであり、積極的に対応できるように、**「失敗に向けた計画を立てる」**ということでもある。

実行意図を適用するひとつの方法としては、**「目標に向けた努力をやめる条件」**をあらかじめ決めておくことだ。たとえば、ウルトラマラソンのランナーは、自分がレースからドロップアウトするときのシナリオをあらかじめ決めておく。「もし先がまったく見えなくなってしまったら、走るのをやめる」という具合だ。

あらかじめ条件を決めておかないと、早すぎるタイミングで諦めてしまう可能性が高い。

米海軍の特殊部隊ネイビーシールズのスローガンは、「もしつらくないのなら、やらない」というものだ。

とはいえ残念なことに、仕事であれスポーツであれ、つらいという思いに心が執着してしまうと、やめてしまう可能性は急速に高まる。今取り組んでいるもの自体を、まったく無謀なことのように思い始めてしまうのだ。何でもいいからドーパミンを得ようと、気を紛らわしてくれるものを脳が探し始める。**そして大抵は、そこで心が折れてしまう。**

だからこそ、実行意図をあらかじめ用意しておく必要がある。方法としては、難しい状況になったときのために、たとえば次のように「もし○○したら、××する」という反応を決めておくのだ。

- 仕事中にメールをチェックしたくなったら、**席を立って「腕立て伏せ」を20回やる**
- 台所に行ってポテトチップスをつまみ食いしたくなったら、**「大きなグラス」で水を1**

杯飲む

子どもの成績・出席率・態度が良くなった

このように自動的に反応するやり方が効果を挙げる大きな理由のひとつは、トリガーされた誘惑から意識をそらしてくれるからだ。

わずか数秒でも気をそらすことができたら、多くの場合、そのときに感じた欲求は消えてなくなる。さらに、「自分の計画に従って目標に合った生き方をしている」という自信が高まる。この自信の高まりは、1回のドーパミン放出よりもずっと長く続く。

子どもを対象に行われた実験によると、**目標への障害と、「もし○○したら、××する」という反応の両方をイメージすることで、成績、出席率、授業での振る舞いが改善された**という。

さらに、(当然といえば当然だが)これとは別の実験では、**実行意図により「時間管理」が一貫してそして劇的に改善される**という結果が出ている。

なぜか? それは、「失敗したらどうするか」と計画を立てることで、現実に向けて準備できるからだ。

完璧な状況などそうそうあるものではない。

もし物事がうまくいかなくなったときに、自分が何をするかという計画があれば、その状況に流されて無意識に行動することはないだろう。代わりに、自信を持って自分の計画に沿った行動を続けられるはずだ。

「計画がある」ことがものすごく大事

別の調査では、実行意図を作ることで、目標に対する考えがより明確になることがわかった。それがたとえ失敗したときのための計画であれ、**「計画を持っている事実」がモチベーションになり、自分と目標の間に立ちはだかる心のもやを取り去ってくれる**のだ。

興味深いことに、こうして精神的にクリアになったおかげで、過去に経験したものと似た状況に遭遇したとき、それにもっと早く気づけるようになる。それと同時に、自分の環境にある〝ネガティブな合図〟に対して反応してしまうのを最小限にとどめられる。

「明晰な精神」「高いモチベーション」「コントロールできるという感覚」は、ネガティブなトリガーや誘惑に対抗する、非常に効果的な組み合わせだ。

もちろん、完璧にこなすことが目標ではない。しかし自分にとって最高の価値観や意図に沿って生きることに、もっと積極的になってもいいのではないだろうか？　目標にそぐわない環境の産物になることを甘んじて受け入れる必要があるだろうか？

「最高の水準で進みたい」と本気で思うなら、最悪の事態に向けた計画を立て、どう反応するかをしっかりと考えておく必要がある。

「いいトリガー」を自分で仕掛ける

実行意図を設定することで、「もし〇〇したら」の部分と「××する」の部分が、心の中で強力につながる。目指すところは、合図があったら、自分が設定した状況に対応する「××する」の反応が自動的に作動することだ。

ネガティブなトリガーに対して習慣的に反応できるようになるまで、自分が決めた「もし〇〇したら、××する」の反応を練習するといいだろう。**誘惑に負けて、「次回からやる」などと言ってはいけない**。初めのうちは、自分で決めたことをきちんとやるように、自分を見張る必要がある。

事前に準備しておいた戦略は、合図があったらすぐに、効率よく、そしてそれ以上何かを決めたり考えたりせずに作動させるべきだ。なので、何か**非常にシンプルで簡単なもの**

郵 便 は が き

料金受取人払郵便

新宿北局承認

8382

差出有効期間
2021年8月
31日まで
切手を貼らずに
お出しください。

169-8790

154

東京都新宿区
高田馬場2-16-11
高田馬場216ビル 5 F

サンマーク出版愛読者係行

ご 住 所	〒 都道府県	
フリガナ		☎
お 名 前		(　　　)
電子メールアドレス		

ご記入されたご住所、お名前、メールアドレスなどは企画の参考、企画用アンケートの依頼、および商品情報の案内の目的にのみ使用するもので、他の目的では使用いたしません。
尚、下記をご希望の方には無料で郵送いたしますので、□欄に✓印を記入し投函して下さい。
□サンマーク出版発行図書目録

愛読者はがき

1 お買い求めいただいた本の名。

2 本書をお読みになった感想。

3 お買い求めになった書店名。

市・区・郡　　　　町・村　　　　書店

4 本書をお買い求めになった動機は?

・書店で見て　　・人にすすめられて
・新聞広告を見て(朝日・読売・毎日・日経・その他=　　)
・雑誌広告を見て(掲載誌=　　)
・その他(　　)

ご購読ありがとうございます。今後の出版物の参考とさせていただきますので、上記のアンケートにお答えください。**抽選で毎月10名の方に図書カード(1000円分)をお送りします。**なお、ご記入いただいた個人情報以外のデータは編集資料の他、広告に使用させていただく場合がございます。

5 下記、ご記入お願いします。

ご職業	1 会社員(業種　)	2 自営業(業種　)
	3 公務員(職種　)	4 学生(中・高・高専・大・専門・院)
	5 主婦	6 その他(　)

性別	男・女	年齢	歳

にしよう。

この「もし○○したら」の部分は、単なる道しるべ以上のものだ。この部分は、におい、部屋、人物、曲などといった外的な刺激で、これまで訓練してきた反応を自動的に起こさせるトリガーだ。

私のいとこのジェシーは、10年以上にわたり1日数箱吸うヘビースモーカーだったが、3年前に一切吸うのをやめた。

ものすごいストレスを感じて1本吸いたいと思うときは必ず、ジェシーはこうつぶやく。「もし私がスモーカーだったら、こんなとき吸っていただろう」。そして今までしていたことを続ける。

こんなふうに、**「心の中で思い出すだけ」というほどシンプルなものでも、効果的な実行意図になり得る**。このトリガーがジェシーに効く理由は、ジェシーにとって「自分はもうスモーカーではない」という非常に重要な認識を想起させてくれるからだ。

そしてその強い思いのおかげで、ジェシーはたばこを吸いたくなったその瞬間に、自動的に「自分はもうスモーカーではない」と言い聞かせるよう脳を訓練することができた。

ゲーム欲を「行動」で紛らわす

ビデオゲームに依存している私の弟トレバーは、プレイしたくなるようなトリガーがあったときのために効果的な戦略を用意してある。

プレイしたいと思わせるような誘惑があったり、気持ちがどうしてもプレイしたくなってしまったりしたその瞬間に、トレバーはジャーナルを取り出して自分の感情を認める——**「今ゲームをプレイしたくなるようなトリガーがあった」と書き出す**のだ。トレバーはそのあと少しの間、ストレッチをする。

この戦略がなかったら、トレバーの行動の初期設定は、環境の中に存在する合図に無意識に反応してしまうものだっただろう。

トレバーにとっては不幸なことだが、彼が今いる環境には、ビデオゲームに関連した合図が溢れている。そのため弟は常にプレイするようトリガーされている。

しかしながら、弟は自分の自動的な反応を設定し直し、依存をもっと何か有益なものに置き換えているため、弟の環境とビデオゲームとの結びつきはどんどん減ってきている。

実行意図が重要であるもうひとつの理由はここにある。**依存は実際のところ、何か他の**

ものに置き換えない限り克服などできない。ぽっかりと空いた穴を埋める必要があるのだ。その穴を埋めるには、戦略的でなければいけない。

目標は「道程」とセットで書くと続く

目標を書き出したり、達成する様子を思い描いたりするのは非常に大切ではあるが、「目標達成までの過程を書き出し、思い描く」のもまた非常に重要だ。

研究によると、**過程を視覚化すること（目標への障害と、それにどう対処するのかを含む）で、遂行能力が上がり、不安が減る**ことがわかっている。

では試してみよう。紙とペンまたは鉛筆を用意して、次のことをしてほしい。

- 自分にとって「一番の目標」を考える
- 自分にとって「一番の日標」を書き出す
- 到達までの「時間軸」を設定する。できれば短いほうがいい
- その目標を達成するまでに「出合う可能性のある障害」をすべて考えてみる
- その「障害」を書き出す
- こうした障害一つひとつに、自分なりの「もし○○したら、××する」を考えてみる

・考えられるすべての障害に対して、「もし〇〇したら、××する」を書き出す
・「こうなったら絶対にやめる」という条件を書き出す

最初に、様々な形の失敗を思い描き、次にそうした状況一つひとつに対して、自分はどんな反応を自動的にするかを決める。こうすることで、ずっと早い段階から、実際に反応できるよう脳を訓練することができる。

ただし、重要な注意事項がいくつかある。当然ながら、目標にそこまで真剣に取り組んでいない場合は、「もし〇〇したら、××する」の反応はそこまで効果を発揮しない可能性が高い。また、自分の能力にあまり自信がない場合、どれだけ詳細に計画を立てたところで、おそらく成功しないだろう。

また別の研究では、「もし〇〇したら、××する」の内容について、**具体的なほうが漠然としたものよりもずっと効果的であることがわかっている**。たとえば、「ジャンクフードが食べたくなったときは、××する」というものよりも、「台所へ行ってクッキーが食べたくなったら、××する」とするほうが、ずっとうまくいく。

ビジュアライゼーションや目標設定と同じように、失敗に向けた計画が具体的であればあるほど、うまく行動に移せる。

そしておそらく、最終的な成功への道からも逸れずにいられるだろう。

「賢さ」は残念なことに関係ない

環境をデザインするうえで必要不可欠なのは、自分のワーキングメモリや短期記憶を環境に任せる、つまりアウトソースすることだ。

自分の行動や選択肢をいちいち意識的に考えたくはない。代わりに、自分が取りたいと思う行動を有機的に育ててくれる環境を作るほうがいい。最高のあなたを引き出してくれる環境か、もしくは完全にリカバリーしてリセットし、再び自分とつながれるようにしてくれる環境を作るといいだろう。

私自身、これまで多くの依存症患者と過ごしてきて気づいたことがある。**欲求がやってきたときの、生きるか死ぬかというひどく苦しい時間は、ほんの一瞬**だということだ。そのわずかな瞬間を、気を紛らわせてやり過ごすことができれば、欲求は通常、消えていく。また、依存症は「つながりの逆」であるため、その欲求がきたときにすぐに電話をかけられる相手がいると非常に良いだろう。

最悪なのは、自力でなんとかしようとすること。「他人を頼らずに自立する」というやり方では、これまでうまくいかなかったはずだ。あなたの大好きな誰かに頼ろう。絆とつながりが、きっとあなたを助けてくれる。

実行意図は、ほんの一瞬の状況だけでなく、もっと長い間でも活用できる。

正直に言って、生きていると、どうにもうまくいかずにやり直したいと思うときがあるものだ。そんなときには、自動的に作動する「はっきりとした戦略」が必要だ。

自動的に作動するものはすべて、環境にアウトソースされているものだ。物事が自分の力ではどうしようもなくなったときに、熟考したり、ジャーナルを付けたり、ハイキングしたり、ウォーキングしたり、ランニングしたり、もしくは単に考えごとをしたりするために行く「場所」を作るといい。

人生は、どこかのタイミングで手に負えなくなる。あなたがどんなにきちんとしていて、賢明で、すばらしい人であろうが関係ない。時に物事がうまくいかなくなってしまい、何が大切なのかを見失い、自分と他人とのつながりや自分自身そのものが見えなくなってしまうものだ。

とはいえ、これは決してネガティブなものではない。こうしたことが起きたときに対処するためのシステムを用意しておけば、人生のポジティブな側面となり得る。その手段こそが「実行意図」なのだ。

Part 3

「外的力」で驚異的なブーストを図る

Outsource high performance and success to your environment

9章 能力の底上げが「不可避」な状況「門限」が至るところにある

何らかのことに対して、その原因を状況ではなく自分自身にあるとしたとき、それは心理学でいうところの**「根本的な帰属の誤り」**をしていることになる。

ある人が特定の行動を取ったとき、その理由は外的な要素にあるとはっきりしている場合でも、他の人たちは、行動の直接的な原因はその人物にあると考えるものである――ということは、1960年代以降、研究によって幾度となく確認されている。

「熱烈な支持者だから票を投じた」と見誤る――投票者への思い込み

政治を例に見てみよう。誰かがある政党に投票したとき、**「その人はそういう人なのだ**

ろう」とあなたは思うのではないだろうか。その人にそう決断させた周辺環境については、そこまで深く考えないだろう。

同様に、車を運転中に誰かが割り込んできたら、おそらくあなたはすぐに、相手のドライバーを向こう見ずで思いやりのない人物だと思うだろう。病気の子どもを迎えに行こうと急いで帰宅しているのかもしれない、などとは考えもせずに。

だが今日、心理学者たちは、外的な要素がどれだけ人の行動に影響するのか、敏感に気づくようになってきた。単に子どもの知性がどれだけテストの点数に影響するのかを調べるだけではなく、たとえば「クラスの人数」「教師の質」「子どもの家庭環境」「家族の社会経済的地位」「当日の天気」など、もっと大まかな要素がどれほど子どものテストに影響するのかも最近では調べるようになってきている。

本書ではこれまで、あなたの環境が人生のあらゆる側面（目標、考え方、実行能力、成功するための能力など）を形作るという点について説明してきた。成功することがあなたの人生の目標であるなら、次にすべき仕事は**「どの環境が最高の結果を生み出すか」**を見極めることだ。

ということで本章では、「強化された環境」（あなたが高いレベルでパフォーマンスせざるを得なくなる場所）における重要な要素について述べていく。こうした環境に必ずつきものとなるのが、集中力と成長を作り出す**「ユーストレス」**（快適なストレス）だ。

「普通の母親」が車を持ち上げた

1982年、トニー・キャバロという名の男性は、1964年製のトラック型シボレー・インパラのサスペンションを修理していた。ところが車を支えていたジャッキが外れ、トニーはホイールハウス部分に挟まれて身動きが取れなくなってしまった。

大きな音を聞きつけて慌てて外に出て来た母親のアンジェラは、車の下敷きになって意識を失っているトニーの姿を見つけた。アンジェラは大声で叫んで近所の人たちに助けを求めた。しかしこの状況に突き動かされた彼女は、**重さ数トンの車を本能的に持ち上げていた。**駆けつけた近所の人たちはジャッキを戻し、アンジェラは息子を車の下から引きずり出すことができた。

このシナリオの要素をひとつ変えてみよう。トニーは車の下敷きになって命の危機に瀕していたわけではないと想像してみよう。トニーはただ母親を呼んで、車を持ち上げてほしいとお願いしたとしよう。**母親が車を持ち上げられる可能性はほぼない**だろう。「あの状況」が、母親の奥に眠るもっとパワフルな一面を奮い起こさせたのだ。**「あの環境」が、スーパーウーマンさながらの強さを引き出した。**

1928年、北米プロアイスホッケー・リーグの王者決定戦であるスタンレーカップ決勝戦での例を挙げよう。

ニューヨーク・レンジャース対モントリオール・マルーンズの試合で、レンジャースの先発ゴールキーパー、ローン・シャボーはパックで目を強打し、第2ピリオドでの退場を余儀なくされた（ヘルメットの着用は1979年まで義務ではなかった）。

レンジャースにとっては運が悪かったが、当時は控えのゴールキーパーを用意しておくのは一般的ではなかった。試合規則によるとこのような場合、代理出場には相手チームの監督の許可が必要だった。オタワ・セネターズで活躍したゴールキーパーのスター選手、アレック・コネルが偶然にも観客席で試合を観ていたのだが、マルーンズの監督、エディ・ジェラルドはコネルの代理出場を許さなかった。なんだかんだ言ってもやはり、監督は勝ちたかったのだ。

必死になったレンジャースの選手たちは、ゴールキーパーとして出場するよう監督のレスター・パトリックを説得した。

パトリック本人もかつて選手ではあったが、それでも**ゴールキーパーの経験はなかった**。しかし44歳にして初めてパトリックは、ゴールキーパーの防具を着け、スタンレーカップ史上最年長選手としてプレイした。

素人監督と素人GKで大一番に勝利

観客席で観ていたメジャーリーグ所属のプロ野球チーム、ピッツバーグ・パイレーツで当時監督を務めていたオディ・クレッグホーンが、パトリックに代わり監督として残りの試合でチームの采配を振ることになった。

成長の可能性を秘め、そしてチームがこれまでに経験したことがないような新たなこの状況では、これまでとは異なる戦略が必要となった。新しいゲーム戦略は、パックをパトリックに近づけないように、常にマルーンズのゴール寄りのリンク中央に集めるというものだった。守備の戦略としては最善ではないものの、リスクは避けたいがための戦術だった。驚いたことに、パトリックはとびきりのプレイをし、わずか1本のゴールを決められただけで19本のシュートを阻止した。

パトリックは、「ゴールキーパーなんてやったことないから無理だ」などとは言わなかった。**必要に迫られて立ち上がったのだ**。そしてレンジャースは、延長の末その試合に勝利し、最終的にはスタンレーカップ自体も勝ち取った。

アメリカ心理学会の元会長、マーティン・セリグマン博士によると、ペシミスト（悲観主義者）とオプティミスト（楽観主義者）には、心理学的にいくつかの違いがある。

もっとも顕著なのは、ペシミストはネガティブな出来事について、それがあたかも永久に変わらないものであるかのように考えるという点だ。その出来事がまさに問題そのものであり、打てる手など何もないと考えるのだ。


反対にオプティミストは、ネガティブな出来事は「一過性のもの」で、その場限りの状況だと考える傾向にある。何かがうまくいかなかったとき、オプティミストは状況的な要素に焦点を絞り、将来的にその状況をどう変えられるかという戦略を立てる。

これで「携帯電話」とさよならできる

自分の環境を効果的に最適化するには、**「強制機能」**を使って構築することだ。

強制機能とは、**自分が意図したとおりに行動を起こして物事を実現できるように、文字どおり「強制的に何らかの状況を自分に課すこと」**だ。

たとえば、仕事から帰宅した際、携帯電話を意図的に車の中に置いてくると、休息とリカバリーに向けて「強化された環境」ができあがる。家族に集中して過ごすような状況を作るのを、環境にアウトソースしたのだ。「自分の手元から離れたところに携帯電話を置く」という行為によって、自分が意図したとおりの行動を強制的に取らされることになる。

シンプルな方法だ。電話は手元にない。そこになければ、使うことはできない。

強制機能は、利便性と簡潔さの両方を備えている。**自分がしたい行動を、「しなければいけない行動」へと変化させる**のだ。

これは、サボらないための防御手段となる。携帯電話をポケットに入れたままで、「意味もなく携帯をいじらないように」と意志力に頼ったり、いじらないと自分に嘘をついたりする代わりに、**携帯電話という選択肢を思い切ってなくしてしまう**のだ。

まさにこれが、強制機能の定義だ。強制機能とは、特定の失敗をしないように、制約を埋め込んでおくということだ。


ワーキングメモリを解放する方法にもなるという点でも、強制機能は優れている。

自分がすべきことでくよくよ悩んだり、自分の行動を常に意識的に管理したりするよりも、自分がしたい行動ができるように任せられる環境を作る。おかげで、その瞬間に集中できるようになるし、大切な人たちに全意識を向けられるようにもなる。

自分のことで常にいっぱいいっぱいになっていないため、大切な人たちのニーズに気持ちを向けられるようになる。自分がいる状況にもっと注意を払えるようになり、つまりは今の瞬間に何が必要か、もっと優れた判断を下せるようになる。

つまり強制機能とは、**ひとつ決意したことで、他の決意すべてが簡単になるか、不要になる**ことだ。

たとえば私は、自分のｉＰｈｏｎｅからソーシャルメディアのアプリをすべて削除すると決意したため、30分おきにツイッターをチェックするかどうかを考えずに済むようになった。

悪い習慣がついてしまっているせいで、ときどき何も考えずに携帯電話を取り出し、ツイッターをチェックしようとしてしまうのだが、アプリがないことに気づく。そこで私は、「サボろうとする自分から自分を守る」という賢い選択を以前したことを思い出すのだ。

「4時半にお迎え」の日は集中できる

私の好きな事例のひとつに、起業家のダン・マーテルの話がある。

マーテルは週数回、ノートパソコンを持ってコワーキングスペースかカフェへ行く。その際、**電源コードは意図的に自宅に置いていく**。こうすることで、バッテリーが持つ数時間で作業を終わらせなくてはいけなくなり、この数時間は懸命に働くというモチベーションができる。

マーテルはまた、**毎日夕方4時30分に保育園へ子どもを迎えに行くと奥さんと約束している**。仕事を夕方4時に終えなければいけないとわかっているため、際限ない時間を自分に与えていたときと比べ、午後はずっと積極的に仕事をこなし、集中できるようになった。

マーテルはこう説明する。「本気ならば、思い切り飛び込まなきゃいけないときがある。飛び込む必要があるから、ではなく、そうすることで、良い結果が出る可能性が最大になるからだ。『優先順位を決める』とか『断るときは断る』ということではなく、**自分がもっと生産的になるために適切な環境を整える**ということだ」

このように戦略的に設計された強制機能は、あなたを強制的に「今」と「自分がしようとしていること」に集中させるため、フローをトリガーする役割を果たす。

フローとは、ある活動に完全に没頭して夢中になっている精神状態であり、フローにいるときは、活力に満ち、集中力が高まり、完全に打ち込んでいる状態になる。フローは、集中力が半ば散漫になった状態（何かタスクをしているとき、ほとんどの人はこの状態だ）ではなく、完全にその瞬間に集中しているときにだけ起こる。その瞬間にしっかりと存在している状態だ。

フロー状態のとき、あなたの環境と目標はひとつになっている。このレベルでの意識では、時間の流れがゆっくりになり、自分の状況を認知的にもっとコントロールできるようになる。つまり、自分の環境に多くの「フロー・トリガー」を仕込めば仕込むほど、あなたはもっと今に集中できるようになり、パフォーマンスも向上するようになる。

「戦術」があるから確実に没頭できる

典型的な事務職の会社員に対する期待値は、一般的に（大変な仕事だと感じるものの）非常に低い。

仕事の指示は受けるが、これまでしたことがない何かをするよう求められることは、めったにないものだ。大きな責任を伴う役目を無理やり押し付けられたりするわけでもない。毎日の進捗を記録して報告するよう求められることもない。結果を出せなくても、大した問題にはならないか、そもそも問題にすらならない。

そのため人は、デスクの上に携帯電話を出したまま、インターネットブラウザのタブを複数開けて気が散る状態にしたまま、仕事をしている。フローや深い集中状態になることはほぼなく、仕事中はほとんど注意散漫になっている。そしてひっきりなしに時計を見ては、帰宅時間を心待ちにしている。

対照的に、「強化された環境」ではほとんどの人が普段いる環境とはほぼ真逆になる。

強化された環境にいる人は、しっかりとタスクに取り組み、その瞬間に集中している。

このタイプの環境では、**精神面でのフローが至って当たり前に起こる。**というのも、環境のルールがそのように作られているからだ。

要するに、強化された環境を作るには、その環境に強制機能を組み込むことだ。もっとも強力な強制機能には、次のようなものがある。

- 「多く」をつぎ込む（お金、時間、気持ち……）
- 「社会的なプレッシャー」がある
- 低いパフォーマンスには「高い代償」を求める
- 「逆境」が存在する
- 「目新しさ」がある

これらの要素を多く組み込められるほど、環境は強化される。

強制機能をいくつか自分の環境に仕込んだら、自然とフロー状態になれるはずだ。その結果、あらゆることを非常に高いレベルで遂行できるようになる。

「多く」をつぎ込む――お金、時間、気持ち……

経済分野で、**「サンクコストの呪縛」**として知られる原則がある。**人は何かに投資して所有すると、それを過大評価してしまう**というものだ。そのため、明らかに進むべきでない道を進み続けたり、やめるべきものを追い続けたりする。

たとえば、ひどい恋人となかなか別れられずに付き合い続ける人も少なくない。それはただ、〝気持ちの面〟でかなりつぎ込んでしまったから、という理由だ。もしくは、市場でまったくうまくいっていない事業に資金をつぎ込み続けてしまう人もいるだろう。とにかくやめるのが一番賢い選択だ、ということも時にはある。

とはいえ、サンクコストは、必ずしも悪いものではない。**実のところ、人間が持つこの傾向を、自分の利益となるように活用することもできる。**自分が決めたことをやり遂げるために、パーソナルトレーナーに多額をつぎ込む人もいる。あなたも、自分の目標に確実に向かい続けるために、前もってお金をたくさん投じておくこともできるのだ。

2002年、健康志向の高まりを受け、ケリー・フラットリーはマーケティング・コーディネーターの仕事をやめ、大学時代に考え出した「グラノーラのレシピを商品として売る夢」を追いかける決意をした。友達と家族に対して市場テストを行い、ケリーは自分の商品に自信を持った。彼女のグラノーラは、安い原料でケチったものではなく、ヘルシーな素材がふんだんに入っているうえ、添加物を使っていなかった。

しかし商品に自信があるだけでは十分ではなかった。ケリーは、人生を変えてしまうほどの「投資」をする必要があった。

貯金と時間をつぎ込んで、商業用のキッチンを借りた。そこで毎日、夜8時頃から午前2時頃までグラノーラを手作りし続けた。ビジネス面でパートナーを見つけてその人と組むことにしたが、最初の2年間は2人とも〝無給〟で働いた。地域のイベントで熱心にグラノーラを売って歩いていたケリーは6年後、その熱意のおかげで、食品メーカーのケロッグ・カンパニーに**6000万ドル**で会社を売却するに至った。

ある調査によると、自分の能力は可変性のものだと捉える思考スタイル**「成長型マインドセット」**（growth mindset）の持ち主は、物事がうまくいかなくなった場合でも、貫き通せる可能性が高くなるという。失敗の受け取り方が他の人とは異なるのだ。失敗をネガティブなものとしてではなく、フィードバック、つまりそこから学べるものとして見る。

そのため、成長型マインドセットを持って、何かに熱心に取り組み、多くをつぎ込んでいる人は、他の人から見たらばかばかしいとか、リスクが好きなのだと思われることが多い。あまりにもネガティブなフィードバックや失敗ばかりなら、理論的に考えたらやめたほうがいいはずだ。

しかしそれでも、その人は前進を続ける。

それはリソースをつぎ込んでしまったことに加えて、前進を続けなければいけないと心の中で感じているからだ。

何度失敗しても構わない。他の人に何と思われようが気にしない。成功するまで、もしくはもう無理だと思うときまで、何度も挑戦する。

では、どうすればあなた自身、そしてあなたが持っているリソースを目標に向けてもっとつぎ込み、それを強制機能にできるだろうか?

「公言」する——罰さえ効果的に

起業家で作家のティム・フェリスは、瞑想を習慣にしようと何年も挑戦し続けていたが、ようやく日課にできた経緯を次のように説明する。

ティムが始めた瞑想法は、**実践について必ず他の人に報告する**というものだった。これが社会的なプレッシャーとなり、瞑想の習慣ができあがったのだ。

ティムはこう話す。「ある人に、次回会うときまでに2回瞑想すると伝えると、もししなかったら自分がダメ人間のように感じてしまう」

シンプルに思えるが、この話には強力な学びが含まれている。

フルマラソンを走りたい場合、この戦略を使ってあなたならどう取り組むかを考えてみよう。レース本番の数か月前に申し込んで、事前に投資することから始めるだろう。その後、レースに申し込んだと周囲にソーシャルメディアで公言する。

心理学のある調査でも、**何かに取り組む際に公言すると、自分が言ったことを守らなければという社会的なプレッシャーを感じる**という結果が出ている。

それから、あなたが申し込んだ大会で一緒に走るという人も複数出てくるだろう。自分が弱気になったときには、強気な人が近くに必要だ。そのため、ランニングパートナーを少なくともひとり（多いほうがいい）見つけよう。

さらに、自分の進捗状況を記録して他の人に報告する。ご褒美や罰ゲームなどのある競争にしてもいいだろう。たとえば、ランニングの練習を1回休んだら、ランニング仲間をちょっとした食事に連れ出さなければいけない、などだ。

プロジェクトを迅速に終わらせたいなら、必要なのはただ、上司（もしくは誰であれ自分が報告する必要のある相手）に、「いついつまでに終わらせる」と伝えることだ。**この日までなら余裕でできる、と感じるよりもずっと早い日付にしよう。**

もちろん、遅くまで働かなくてはならない夜も数回あるかもしれない。しかしここでも、あなたを突き動かしているのは意志力ではない。ゴールに到達せざるを得ないよう、自分が意図的に作り上げた「外からのプレッシャー」だ。

あなたが今持っている目標やプロジェクトに対して、どんな社会的なプレッシャーを作れるだろうか？

「リスク無し」だと人はなまけ放題

勇気は、発展させることができる。**しかしあらゆるリスク、あらゆる困難、あらゆる危険を排除した環境では、勇気を育てることはできない。**自分のパフォーマンスで報酬が決まる環境で働くのは、かなりの勇気が必要だ。ゆえに、もっとも裕福な人たちは、勇敢な人たちだ。その証拠は何か？　**アメリカの富裕層はほとんどが、事業のオーナーか歩合制で働いている会社員だからだ。**

——トーマス・スタンリー博士（アメリカのビジネス理論家）

アイスクリームを食べたその瞬間に太るのなら、あなたはアイスクリームを絶対食べないだろう。たばこを吸ったらすぐに肺がんになるのなら、たばこなど間違いなく吸わないはずだ。フェイスブックのニュースフィードをスクロールした途端に夢が破れてしまうのなら、息抜きでフェイスブックなどおそらく見ないだろう。配偶者のことを悪く考えたと同時に結婚生活が破綻してしまうのなら、自分の考えを変える方法をなんとか見つけようとするだろう。

とはいえ、**高いレベルで行動していると、自分の振る舞いがもたらす結果はもっとすぐに表れる**。

たとえば、もし競泳のマイケル・フェルプス選手がたばこを吸うようになり、食事もいい加減になったら、彼のパフォーマンスはすぐに落ちるだろう。理由は簡単だ。フェルプス選手は非常に高いレベルで行動しているからだ。

もっというと、このレベルで失敗すると、その代償は大きなものとなる。もし彼が練習で楽をしたりトレーニングを1日サボったりした場合、その違いは「金メダル」と「入賞さえできない」ほどの差になるだろう。

フェルプス選手と違って平凡なレベルで日々行動していると、甘さがあるので、人は平気で間違ったり近道をしたりしてしまう。来る日も来る日も薄氷を踏むようなことは求められないため、あえてそんなことをする必要はないと思ってしまうのだ。

自分にとって可能な限り高いレベルでパフォーマンスするには、毎日、毎時間、そして毎分ごとのパフォーマンスでさえ、何かしらの意味を持ち、代償が伴うものにしなければいけない。

そこで、**失敗したときの代償を決めておこう**。何か大きなものがいい。

今、〝資金の少ない新興企業〟を自分が運営していると想像してみよう。ギリギリの資金をなんとかうまく配分しようとするはずだ。配分がうまくいかなかったときの代償は何だろうか。

それから、自分が何か大きなものに向けてトレーニングしていて、休む余裕などないと想像してみよう。ここで休んでしまったときの代償は、どんなものだろうか。

自分の目標に他の人も巻き込んで、その責任はあなたが担うというリスクの負い方もいいだろう。

ここには、自分のためにどんな環境を構築できるかという学びが存在する。

もしあなたが自分自身に高い代償が伴うレベルでの行動を求め、周りの人たちもそれを期待しているのなら、あなたのパフォーマンスは当然、優れたものとなるだろう。

そして実際、きちんとパフォーマンスを発揮しないと、すべてが台無しになってしまう。**最高のレベルにいるときに物事が効率よく進まないのなら、他と何も変わらない平凡なものになってしまう。**そのため、自分自身そして高いレベルでの自分を頼りにしてくれている人たちに対して、あなたはしっかりと責任を果たす必要がある。

あなたの今の状況を見てみよう。もしあなたが最高のレベルでパフォーマンスしなかったら、どんな代償を払うことになるだろうか？

自分が取った行動を、もっと突出した、モチベーションが上がる結果にするにはどうすればいいだろうか？

「逆境」を存在させる——多少の「しんどさ」は必要

険しく厳しい環境は、私たちに教えてくれる。そしてその教えは、本物の恐怖の反作用によってなされる。

——マイケル・ジェルヴェ（高パフォーマンスを専門に扱う心理学者）

教育者であり宗教指導者でもあるデイヴィッド・ベッドナー博士がこんな話をした。

ある青年が最近、ピックアップトラックを買った。薪が必要となり、ピックアップトラックで薪を拾いにいけば新車を試す絶好の機会になると青年は考えた。携帯電話が圏外になるほどの雪深い山まで運転して行くと、木のそばに駐車できるスペースを見つけた。車を停めようと道路を外れると、深い雪に車がはまり、動けなくなってしまった。

必死になった青年は、脱出するためにできることは何でも試した。しかし、ギアをバックからドライブに入れてタイヤを回転させると、トラックはどんどん深みにはまってしまった。摩擦になるのではとタイヤの下に木の枝をかませてみたが、役に立たなかった。シャベルを使ってタイヤの周りを掘ってみたが、あまりにも深くはまっていた。

太陽はどんどん沈み、寒さは厳しさを増していく。青年は途方に暮れた。青年は気持ちを切り替えて簡単な祈りを捧げたところ、木の枝を切る衝動に駆られた。数時間かけて作業し、切った大きな枝をトラックの荷台に入れていった。荷台がいっぱいになると、青年はトラックに飛び乗りエンジンをかけた。ほんの一瞬、慎ましい静けさが広がったあと、青年はバックで抜け出そうと試みた。

荷台に乗った枝の重さが、必要だった摩擦を提供してくれたおかげで、雪を脱出し、道路へ戻り、前進することができた。トラックの木の枝という重荷がなければ、青年は雪の中にはまったままだっただろう。

ほとんどの人は、「幸福とは重荷がないこと」だと勘違いしている。人生は挑戦や困難のない楽なものであってほしいと、私たちは願うものだ。

しかし**重荷があるからこそ、人生を前進させるのに必要な摩擦を得ることができる**。私たちの肩は、その重荷に耐えられるように成長する。責任という大きな重荷を背負わないと、雪の中にはまった青年のトラックのようにいとも簡単に身動きができなくなってしまう。

私にも、同じ経験がある。ライターとしてのキャリアを構築していくための摩擦を得られたのは、まさに大きな重荷を背負ったといえる、養父になってからのことだ。

この個人的な重荷を背負うまでは、私は何となく現状に満足していた。切迫感がなかったのだ。ライターになりたいと強く思ってはいたものの、前進するための摩擦がなかった。どうしても成功しなくてはという状況でもなく、そこまで切羽詰まってもいなかった。かなり余裕があって、いつかやればいいやと考えていたのだ。

重荷がなければ前には進めない――今になってこう思う。

「目新しさ」がある――「模様替え」が集中力をもたらす

これまで経験しなかったことをするとき、自然といつもより集中し、没頭できるものだ。新しい情報に触れると、脳はいつもより働く必要がある。脳の中では新しい物事と既存のメンタルモデルがつなぎ合わされており、つまりは脳内の化学物質が書き換えられているのだ。このおかげで集中できるだけでなく、人としても変化を遂げられる。生気なく腐るのではなく、活気を保ち、より良い状態になれるのだ。

反対に、同じことを同じ環境で何度も繰り返しているときは、すぐにぼーっとなってしまう。脳は、新しい情報を既存のモデルの中に取り入れる作業をする必要がなく、何かを解決する必要に駆られる難問に直面することもない。

そのため、ナポレオン・ヒルはこんなふうに言っていた。**「良い意味でのショックは多くの場合、習慣で衰えた脳の役に立つ」**

新しいアイデア、新しい経験、もしくはずっと恐れていた何かに触れたとき、社会科学の分野で**「混乱的ジレンマ」**と呼ばれるものを経験する。「混乱的ジレンマ」とは、自分が今持っている考え方と相反する新しいアイデアや経験に触れたことで、今のメンタルモデルが打ち砕かれてしまうことだ。

自分が変わるほどの学びを経験し、混乱しているからといって、それまで信じていたあらゆるものを信じられなくなるわけではない。そうではなく、**役に立たないうえに不健全な考え方や物の見方を、取り去るということ**だ。たとえば外国へ行ったときに、特定のタイプの人に対して自分が持っていた考えが、実は誤った偏見だったことに気づくかもしれない。

自分の人生や環境に、目新しさをたくさん組み込むことができればできるほど、もっとずっと集中して物事に取り組めるようになるだろう。

メンタルモデルの中でつながりをたくさん作れば作るほど、仕事でもそこから引き出せるものが増えるようになる。つながりが広く個性的であればあるほど、仕事も革新的になり得る。

あなたの習慣は毎日、同じだろうか？　もしそうなら、どうすれば変えられるだろうか？　**たとえそれが部屋の模様替えであれ、物事が新しくていつもと違うと、単調な習慣の中で何も考えず無感情でいるよりもずっと簡単にその瞬間に集中できるようになる。**

「いい環境」の要素は何か

強制機能を活用することで、「強化された環境」を作ることができる。もっとも強力な強制機能には、次のようなものがある。

- 「多く」をつぎ込む（お金、時間、気持ち……）
- 「社会的なプレッシャー」がある
- 低いパフォーマンスには「高い代償」を求める
- 「逆境」が存在する
- 「目新しさ」がある

環境を作るこうした要素を、どうすればあなたの人生に組み込むことができるだろうか？

10章

「つらい経験」がないとダメ

「スポンジ」のように学べる人になる

ストア派の哲学者エピクテトスに、若き生徒が尋ねた。あらゆる状況で自分はどう行動すべきか、と。エピクテトスはこう答えた。「『自分の心がどんな状況にも適応できるようにしてください』と言うべきだろう」

手早い解決法やその場しのぎが溢れるこの世の中では、何をしようにもかなり細かな指示が必要だと、多くの人が思うようになってきた。**一方、常に変わり続ける世の中では、より高い適応能力が求められるが、適応できない人がむしろ増えている。**

適応能力があるということは、「いかに学ぶか」に長けているということに他ならない。自分の環境に注意を払い、そこからいかにして最適な情報やリソースを取り出すかだ。さらに、適応能力があるということは、環境にコントロールされるのではなく、「自分が環境をコントロールする」ということだ。

あなたが本当に適応能力を備えていて、物事を学ぶ姿勢があるならば、ひとつの環境で長い間身動きが取れなくなるなどということはないだろう。自分の環境から得られるものをすぐに学び取り、もっと難しい未知の環境へと進めるはずだ。

「ゲームのよう」だと思う

ビデオゲーム同様に、今いるレベルをクリアしないと次のレベルへは進めない。ゲームでは、そこで学ぶべきを学び、障害を乗り越え、そのレベルをクリアするまで、何度も最初からやり直さなければならないだろう。

人生も同じだ。学び取るまで、レッスンは何度も繰り返される。今の環境にうまく適応していないのであれば、もっと難しい環境に適応するのは苦労するだろう。そのため本章では、どんなに難しいものであっても、あらゆる環境に適応できる方法について詳しく説明していく。

適応能力の高い学習者でいることについて、核となる考え方には次のようなものが含まれる。

①「自分は適応して変われるのだ」と信じること。つまり心理学者のキャロル・ドゥエ

ックがいうところの「成長型マインドセット」だ。これは、「固定型マインドセット」（fixed mindset）と対になるもので、柔軟な学習者でいるということだ。つまり、**「反復的な学習習慣」やいくつかの「限定的な学習スタイル」にがんじがらめになることはない**。

②求める変化に100%、コミットする。つまりそれは、自分が決めたことを守るため、または達成するためには、**自分自身を変えることも厭《いと》わない**ということだ。

③自分が一番恐れているものへの「耐性」はどうすれば伸ばせるかを学ぶ。

④難しくて不快な感情にどう対処し、どう受け入れるかを学ぶ。これは心理学で「情動制御」と呼ばれるもので、自分が抱く恐怖や抵抗に直に触れる必要がある。

長期研究が繰り返し指摘する「苦労するタイプの人間」

何かを達成したいなら、まずはそれが実現できるのだと思い描き、信じなければいけない。もっとはっきり記すと、今現在、あなたにとって触れられないものを、信じる必要がある。これは宗教的な信心ではなく、**「自分は目標に到達できる」という確信と信念**だ。

たとえばもし、億万長者になりたいのであれば、自分が億万長者になれると信じる必要がある。そして、「億万長者は実際にどう振る舞うのか」を学ぶ必要がある。

自分が何かをできるだなんて信じられない人は、「固定型マインドセット」の持ち主だ。こうした人たちは、どこかで聞いた「人のアイデンティティは変えられない」という話を盲信している。人の本質は絶対であり、育めるものなどないと思っているのだ。

残念なことに、**固定型マインドセットの持ち主は人生で苦労するということが、長年の研究によって繰り返し示されている。**

さらに研究によると、**固定型マインドセットの持ち主は、学習するのにも大変な苦労を要する。**自分は進化などできないと思い込んでいるのに、どうしてスムーズに学べるだろうか？

そして固定型マインドセットの持ち主は、難しい環境を避けようとする。自分にとって快適に学べる方法はひとつしかないと思い込み、それ以外の取り組み方や学習スタイルが必要となる状況を避けるのだ。しかし**難しい環境に適応する力を育むには、複数の学習スタイルを身につけて、それを活用する必要がある。**

「自己流」にこだわって平凡に終わる

50年に及ぶ学習理論に関する研究によると、誰もが自分の得意な学習スタイルを持っている。また、誰もが学びがなかなか進まない難しい状況になったときには、「こうすれば効果的だ」という学習スタイルもバックアップとしていくつか用意している。

とはいえ、「どうも避けてしまう」苦手な学習スタイルもまた、誰にとっても複数あるものだ。そもそも学習には、次のようなフェーズがある。

- 想像：「アイデア」を思いつく
- 熟考：思いついたアイデアについて学ぶ
- 分析：学んだことをまとめ、このアイデアを使って何をするのか「戦略的な計画」を立てる
- 決定：具体的なアイデアを使う方法を「ひとつ」決める
- 行動：アイデアの実現に向けて「何か」をする
- 経験：「複数の角度」から学ぶ（たとえば他の人と一緒に、または何かを作って、失敗して、試して）

こうしたフェーズのどれかを省けば、あまりうまくは学べないだろう。

しかし私たちは誰もが、どれかを省略してしまう。**誰もが、物事を「自分なりの方法」でやりたがる**のだ。

興味深いことに、**自分が快適だと思う学びについては、ほとんどの人が「成長型マインドセット」を持っている**。たとえば、あなたは数学が好きで、分析的な方法を使って学ぶタイプだとしよう。そのときおそらく、困難や失敗を成長の機会と捉え、自分は演算をもっと上達できると感じるだろう。アドバイスや学べる機会、誰かからの協力を自ら積極的に求め、好奇心旺盛に、数学に関する知識と視野を広げようとするはずだ。

根拠なく「不得意」に感じる

しかしながら、ほとんどの人は自分がしっくり感じられない学びについては「固定型マインドセット」になってしまう。

もし文章を書くのが好きでないなら、おそらく自分が文章を上達できるとは思えないだろう。**「自分には学べないものだってあるのだ」と考えてしまう**のだ。自分にはそんな遺伝子はない――あなたもそう思っているのではないだろうか？

つまるところ、「成長型マインドセット」の持ち主は、信じる心をもって行動する。「固定型マインドセット」の持ち主は、信じる心をもって行動しない。目に見えないものは信じない。疑い深い人間なのだ。特定の「認知的コミットメント」、つまり**「自分はこうい**

う人間だ」という見方に過剰に自信を持ち、過度に凝り固まっている。

こういう人は、自分が何かを学べるとは思っていないので、実際に学ぶことはできない。自分から「箱」に入り込み、その分野の将来的なビジョンは何も見えなくなってしまう。

学習論者には「証拠」が数々ある

とはいえ現在は、**人はいかなる学習スタイルでも（たとえそれが苦手な学習スタイルでも）身につけられるという証拠が、心理学者や学習論者によって豊富に示されている。**ただしそれは、適応能力が高い柔軟な学習者に限っていえることだ。

どの学習スタイルでも身につけられるなら、すべてが変わる。そうなると、どの人も不変の「長所」と「短所」を持っているという概念が、もっと説得力のある次の説に変わる。


厳密には、あなたには長所も短所もない。

代わりに、ポジティブまたはネガティブな学習習慣がある。こうした習慣は、その人の人生を通じて育まれてきたものだ。

人は、自分が快適だと感じる状況に身を置く傾向がある。そのため、自分が育んできた学習習慣は、その環境で何度も何度も繰り返され、条件づけられてきたものだ。

不健康なほどに偏りすぎた学習スタイルをさらに強めるため、あなたはあらゆることをして、その学習スタイルを実行できるような状況や環境を作る。違うやり方になるような状況や環境は懸命に避けるのだ。

しかし、自分が快適だと思う学習スタイルばかりを強化するパターンはすべて、流動的なものだ。そのため、こうしたパターンはすべて変えることができる。一度変化してしまえば、生物学的にも心理学的にも、あなたは変わることになる。

反対に、もし自分は何でも学べるのだと信じれば、何でも学ぶことができる。他と比べて思うように身につかないものはあるだろうか？　もちろんだ。しかしそれは、長所や短所が固定されているからではない。学習筋肉が萎縮または未発達の状態だったり、妨げとなるような信念を持っていたり、悪い習慣を身につけたりしてしまっているからだ。

新しいものを学ぶには、いやでも柔軟な学習者へと自分を変えてくれるような、「難しくて新しい状況」に自分を追い込むことだ。これが適応性の本質であり、土台でもある。

「ダメ人間のような気分になる」のがプラスな理由

新しい何かを学べる人間になるのに必要なのは、**「間違うこと」「ダメ人間のような気分**

になること」そして「もっとよく見える視点から物事を見るべく、世界観を作り直すこと」だ。

そのため、新しい何かを学ぶのは非常に難しく、人が新たに学ぼうとしない理由はそこにある。適応能力の高い学習者になりたいと思うなら、真摯に取り組む**「コミットメント」**という貴重なスキルを習得しなければいけない。

学習に取り組むということは、変化に取り組んでいるということだ。これには、「信じる心」と「成長型マインドセット」が必要になる。

深い学びのプロセスは心にとっても体にとっても難しいものであるため、100%、全身全霊で取り組むことが求められる。すべてをかけて取り組む人だけが、不要なものを手放す「学び」という作業に耐えることができるのだ。

そのため、本章の残りでは、適応能力の高い学習者になるために必要な知識とスキルをお伝えしたいと思う。

こうしたスキルには、「真剣に取り組むこと」「耐性を伸ばすこと」「自分が抱く恐怖に順応すること」「不快で難しい感情にきちんと向き合うこと」などが含まれる。

「決めたら取り消せない」つもりで決める

サーフィンで大きな波に乗るのは、小さな波に乗るのとはわけが違う。大きな波に乗るとき、失敗の代償はもっとずっと大きくなる。うまくやらなければ、死んでしまう可能性すらある。サーフィンの専門ウェブサイト「IndoSurfLife.com」にはこう記されている。「地平線が暗くなり、巨大な水の壁が目の前に立ちはだかる、そこまで大きな波に乗りたがるのは一部の人だけだ。**この波に乗りたいと思わなければ、乗りこなすことなどできやしない。ためらったり、中途半端な気持ちで取り組んだりしたら、波に飲まれてしまう**」

大きな波をつかまえて乗るには、100%、本気で取り組まなければいけない。ためらいなどあろうものなら、失敗するだろう。本気で取り組んでいたって失敗するかもしれないのだ。**成功する可能性のある唯一の方法は、しっかり最後までやり遂げてやろうと固く決意していること**だ。

大きな波に乗るサーフィンには、生きていくうえで直面する様々な状況に役立つ学びが存在する。

何かに完全に打ち込んでいるときには、中途半端にしか取り組んでいないときとまったく違う姿勢をしている。

中途半端な取り組み方のときは、ためらいがあり、自信がない。自分が正しいかどうかよくわからないし、決心ができていない。

しかしながら、一度何かを固く決意してしまえば、心のもやはすべて晴れる。自分がしていることがはっきりと見え、なぜそれをしているのかもはっきりとわかるようになる。**自分には他にどんな選択肢があるのかと考えを巡らせなくなる**。

シュワルツ博士は著書の中で、こう述べている。「一度決心したら取り消せないのだと覚悟していれば、いつも横目で出口を探すのではなく、今の関係をよりよくすることにエネルギーを注ぎ込むことができる」

「乗ってきた船」を燃やす

取り消せない決心に関して、すばらしい例がある。

西暦711年、イスラム教勢力がイベリア半島に侵攻した際、半島に到着すると、指揮官ターリク・ブン・ジヤードは自分たちが乗ってきた船を燃やすよう部下に命じた。炎を上げて燃える船を前に、ターリクは部下たちに次のように述べた。

「愛しい兄弟たちよ。私たちはアッラーの言葉を広めるためにここへ来た。今、敵は目の前にいる。そして背後には海。神のために戦うのだ。**勝利を手にするか、殉教するか――それ以外の選択肢はない。逃げ道はすべて閉ざされた**」

船は焼かれてしまった。戻る、逃げる、やめるといった手段は、すべて断たれた。

あなたがもしこの軍の兵士だったら、このときどんな思いだったか、想像できるだろうか？　戦いに勝つか、死ぬか――自分にこうしたリスクを作るのを避けてしまう人は、どのくらいいいるだろうか？

難しい未知の環境にすぐに適応したいのであれば、１００％、全力で打ち込まなければいけない。**問題は、どうすれば１００％全力で打ち込めるか**、だ。

私が組織心理学者としてずっと研究しているのは、まさにこの点だ。具体的には、私はこれまで、**「帰還不能点」**と名づけたコンセプトを研究してきた。**目標を避けるよりも、そちらに向かって進むほうが楽になるという瞬間《ポイント》**だ。

あなたにとっての帰還不能点とは、自分にとって最高の目標を追いかける以外の選択肢がなくなる、その瞬間だ。

では、帰還不能点を活用するには、どうすればいいだろうか？

それでも「無難なほう」を選んでしまう

生物学と心理学の関係を説明した理論の中で信頼性が高いとされているものに、ジェフリー・アラン・グレイ博士が1970年に提唱したものがある。

人格に関する生物心理学の理論で、グレイ博士は**「あらゆる行動は2つのシステム（系統）が支配している」**とした。

- **行動賦活《ふかつ》系**：行動賦活系は、報酬に向けて自分を備えるものだ。報酬を知覚すると、行動賦活系はその報酬を得ようと行動を促す。
- **行動抑制系**：一方で行動抑制系は、自分の環境にあるリスクや脅威に自分を備えるものだ。リスクや脅威を知覚したとき、行動抑制系が働いて行動にブレーキをかける。

この2つの系統は、常に互いに対して緊張している関係だ。あらゆる状況において、2つのうちのどちらかが他方を押さえている——行動を起こしているか、行動を抑制しているかだ。何かに向けて積極的に近づいているか、何かが起こるのを防ごうとしているか。攻撃か防御か、だ。

ほとんどの人は、人生に対して、向き合わずに回避する傾向がある。自分の一番の望みに沿った行動を取っていないのだ。

代わりに、**まぬけに見えないように自分の行動を計算して、無難に過ごしている**。夢がうまくいかなかったときに備え、リスクを分散させて、バックアップ案をいくつか用意している。皮肉なことに、ほとんどの時間をバックアップ案に費やし、それがいつしか人生そのものになってしまう。

「カネ」を先行投資する

ネガティブな影響や感情を避けて人生を築き上げたとしても、行動賦活系を刺激して方向性を変えることはできるのだろうか？

もちろん可能だ。アイデンティティさえも変えることができる。というのも、**アイデンティティとは行動と、自分の身を置く環境に従うもの**だからだ。もしそうなら、守りの人生から攻めの人生にシフトするために、もっとも効果がある行動は何だろうか？

帰還不能点の経験は主に、**「金銭の投資」**という形で始まる。**金銭を投資することによって、人は前へ進まざるを得なくなる**のだ。

あるアイデアについて時間をかけて模索している人にとって、その活動がピークを迎えるのは、そのアイデアに金銭を投資するときだ。お金をつぎ込んだ瞬間、その人は後戻りできなくなる。アイデンティティは、その投資一色に染まる。投資が、その人の一部になるのだ。

このようにして、単なる希望だったものが現実化に向けて大きく前進する。

心理学と経済学において、この行動は**「立場固定」**と呼ばれるコンセプトで説明できる。文献によると立場固定とは主に、**自分が当初下した決断や投資を正当化したいがために、不合理な決断を下すこと**だ。

そのため、何かに打ち込みすぎるときには、その中心に「サンクコスト」がある。サンクコスト・バイアス［訳注：ここの例でいうと、何かに打ち込みすぎ、それを正当化したいがために後に引けないでいる状態］は、前述したとおり、予知という形で自分の利益になるよう活用することができる。高い投資をすることで心の底から打ち込めるようになると知っているため、自分自身の帰還不能点を意図的に作り出せるのだ。

世界の成功者はまさにこれをしている。彼らはただ夢を見ているのではない。実際に行動している。自分もリスクを負っているのだ。

「起業家」と「起業志望止まり」の差異

自分自身や自分の夢に投資すると、達成への取り組みが確固としたものとなる。**一度投資してしまえば、その人のアイデンティティそして目標への姿勢そのものが変わる**。なぜなら、もはや前進せざるを得ず、何をすべきか迷ってなどいられないからだ。自分の行動が好ましいか好ましくないかで悩むことも、もうない。

そして今や、その行動を起こし続ける必要がある。その背景には、心理的な理由がいくつかある。

- 「つぎ込んだ資金」を失わないように
- 自分がしてきた行動の「一貫性」を保つため（ヒント：アイデンティティは行動に従う。必ずしもその逆とは限らない）
- 特定の目標を達成したいと心から思っており、最終的に「自己充足的予言」（思い込みが新たな行動を誘発し、現実化すること）に帰着するであろう外的な条件を作ったから

私は修士論文で、複数の起業家や起業志望者にインタビューしたのだが、その中で非常

に気に入っている話がある。

まず、起業家と起業志望者の主な違いを説明しよう。**起業家は、何らかの形で「帰還不能点」を経験していた。一方で起業志望者は、そのような経験を作り出していなかった。**

インタビューした人の中に、靴を売りたいという17歳の少年がいた。少年とその事業パートナー（高校の同級生）は、靴の出荷に1万ドルを投資した。少年は自分の帰還不能点についてこう説明する。

「**僕らが持っていた全額を在庫の靴すべてにつぎ込んでしまったら、『オール・オア・ナッシング』**。生きるか死ぬかのようなものだってわかっていたから、本当に怖かった。とにかく靴を売るしかなかった。**後戻りはできない**。靴を処分してお金を返してもらうなんてことはできないから、前進するしかなかった」

私はこう尋ねた。「その瞬間に何か変わったことはあった？」

少年はこう答えた。

「その後、会社がすごくうまくいっていることに僕は気づいた。このことが、自分の可能性を広げてくれたんだと思う。あのとき、こう思ったんだ。オーケー、本当に会社を始めたぞ。投資もした。それで今は、こいつを運営していかなきゃいけない。自分が会社を運営しているんだって本当に理解したのは、このときだったと思う。これがきっかけで、リーダーとしてパートナーを引っ張っていくように僕は変わることができたんだと思う」

次々と「すばらしいこと」が起きる

いったん帰還不能点を越えてしまえば、自分のビジョンを本気で受け入れたということになる。全力で打ち込める姿勢になるのだ。自分の役割が変わり、そのためアイデンティティも変わる。単に注意散漫になるだけの他の選択肢は、すべて捨て去る。自分が行きたい方向に進まざるを得ないように、自分を仕向けたのだ。

もう抜け出せはしない。**投資という行為が、あなたを変える**。投資したことにより特定の人との距離感も変わるし、目標に対するあなたの姿勢も変わる。そしてまた、決意をどう実現させるかへの、あなた自身の取り組みと確信の度合いも変わる。

心を決め、完全に打ち込むようになると、すばらしいことが起こってくる。神秘的なほどに、様々なことが収まるべきところに収まるようになるのだ。

登山家のウィリアム・ハチソン・マレーはこう話す。

「**人が腹を決めた瞬間に、神様も動き出す**。様々なあり得ないことが起こり、手助けしてくれる。この決意をきっかけに次々と物事が起こり始め、**まさか自分の元にやってきてくれるとは夢にも思わなかったような、あらゆる種類の予想外の出来事、出会い、物質的支援が、自分の有利になるように動き出す**」

人は「何にでも慣れる」習性がある——暴力にも、山盛りの糖にも、4時半起きにも

人間とは、非常に適応能力の高い生き物だ。すぐに感覚が鈍くなり、耐性ができる。

心理学の研究により、**テレビで下品な内容、暴力、セックスにひっきりなしに触れていると、多くの人はそうしたものに耐性ができてしまう**ことがわかっている。

私たちは消費社会に生きているため、耐性レベルはとんでもなくバランスを崩しかねない。糖分が山のように含まれた食べ物を食べて味覚がおかしくなり、そのうちに、体に良い健康的な食べ物を楽しめなくなってしまう。

関節痛、頭痛、膨満感を自分の「いつもの状態」だと受け入れてしまう。

1日のうち12～16時間を椅子に座り、パソコンの画面を凝視して過ごす。

私たちは、天文学的な量の「人工的なドーパミン」が体中を駆け巡るのに慣れてしまったのだ。

しかし、人は何に対しても耐性を作り、適応できる。たとえそれが恐れであってもだ。自分が抱えている恐れに対し意図的に耐性を作ることを、心理学では**「系統的脱感作」**と呼ぶ。**耐性ができるまで、自分を何か何度も繰り返し暴露させることで、それに対する感覚を系統的に鈍らせることができる**のだ。すると、最終的に、メンタルモデルの枠組みを作り直し、適応し、新しい人間に生まれ変わることができる。あなたがかつて恐怖で動けなくなってしまったようなものが、日常にあるごく当たり前の一部になるのだ。

ほとんどの人にとって、「毎朝4時30分に起きてすぐにジムに行く」という発想はとんでもないことのように思えるだろう。確かに、最初の数週間、数か月は大変かもしれない。しかし適応に関していえば、「徐々に慣らしていく」必要はほとんどない。むしろ、**わざと自分を苦境に置いて、何か極端なものに適応させることもできる。**

たとえば、毎朝4時30分に起きる習慣を身につけたいなら、最初の数週間は朝6時、そのあと数週間は朝5時30分、そして数週間は朝5時、最終的に朝4時30分に起きる、などとする必要はない。**いきなり「朝4時30分」で始め、痛みを感じ、そして適応する**のだ。

頭では「悪いことになる」と思ってしまう

適応への前者のアプローチは、プールにゆっくりと一歩一歩入っていくようなものだ。

そこに過度に集中して引き延ばすことで、痛みを先延ばしにし、悪化させているにすぎない。意識を集中させると、その対象は拡大するものだ。

痛みに執着するのをやめて、今しようとしていることの結果に集中しよう。**プールにすぐに飛び込めば、ショックを受けてから慣れるまでの移行は短い時間に圧縮される**。このアプローチは精神的にはかなりこたえるが、体は非常にすばやく、かつ本能的に、新しい環境に順応してくれる。20秒もすれば慣れて、もうプールの水を冷たく感じなくなる。

心理学の研究によると、**ある出来事について、大抵の場合は出来事そのものよりもその前に抱く予期のほうが、感情的に力が入ってしまう**ことがわかっている。**ほぼ必ず、実際の出来事よりも何かずっと悪いものを想像する**のだ。

そして行動に移すのを後回しにして、痛みを長引かせる。すぐに行動してしまえば、痛みはずっと軽くすみ、気づくともう終わっているにもかかわらず、だ。

早起きのように、何か新しい行動に適応する場合は、当然ながら20秒よりも時間がかかる。しかし原則は同じだ。**もし100%の姿勢で取り組んで本気で飛び込めば、あっという間に適応できる**だろう。

とはいえ、本気で飛び込んだときには、すぐにかなりの精神的ショックを経験することになる。プールにそっと入るときのようにダメージを和らげようとしているわけではないからだ。

そうではなく、思い切り飛び込むことで、古いパターンや行動を取り去る「浄化作業」を経験しているのだ。そして飛び込んだ先の「これまでより良い環境」に慣れるまで、浄化作業は痛みを伴う可能性がある。

実際は「プール」に飛び込んだほうが楽――身体は「即・適応」する

適応のプロセスを短縮するこの原則は、あらゆる人に当てはまる。

近藤麻理恵は彼女の著書『人生がときめく片づけの魔法 改訂版』(河出書房新社)の中で、消費依存を本当の意味で克服する唯一の方法は、自分の環境にあるモノを一気に片付けてしまうことだと説明する。うまく機能しないシステムをいつまでも管理しようとするのではなく、環境をリセットする必要があるのだ。

あなたが行動に移そうと思いつつ、避け続けているのは何だろうか？

つま先立ちでゆっくりと入ろうとしているのはどのプールだろうか？

恐怖に意識を集中しすぎて、痛みを悪化させていないだろうか？
一体いつになったら思い切って飛び込むのだろうか？

本気を出して思い切って飛び込むその瞬間、頭の中であれこれ考えていたよりずっと簡単だったことに、間違いなく気づくはずだ。そして適応し始める。

しかしそれには、**自分は絶対にできるんだという信念と、柔軟な学習者でいることが必要**だ。

それでも、波風なく進めるわけではない。**自分を何かに暴露することは、もっとも早く実用的に学べる方法ではあるが、従来的で理論的なアプローチと比べてずっと大きなリスクが伴う**。実際に自分の恐怖や感情と対峙しなければいけなくなるのだ。

そこで、適応能力の高い人物になるためにマスターしなければならない、次のスキルへと続く。

ポジティブ信仰が広まると同時に「処方薬」が増えた

「ポジティブ心理学」として知られる心理学の一分野は、1998年頃に生まれた。当時は、幸福というテーマに関する研究論文はわずか300本程度しかなかった。それよりも前、ほとんどの心理学者が関心を抱いていたのは、主に精神疾患だった。2017年、**幸福に関する研究論文は「8500本」以上存在する。**

幸福はどうやら、流行っているらしい。もちろん、これは皮肉なことだ。というのも、**今の時代はまさに、これまでの人類の歴史の中でもっとも幸せが捉えにくいものになっている**からだ。

人間心理のポジティブな面にスポットライトを当てることは、社会にとってこれまで非常に有益だった。しかしながら、ポジティブ心理学で行われた研究の範囲や着眼点にかなり不満を持つ心理学者も多くいる。こうした学者は、ポジティブ心理学における研究の多くが、あまりにも単純化されすぎ、人間を取り巻く極めて重要な状況要素が無視されていると考えている。

著名なポジティブ心理学者であるポール・ウォン博士によると、ポジティブ心理学における重要な前提は、「良い感情は良い結果を生み出し、悪い感情は悪い結果を生み出す」ということだ。この前提の結果、人は「常に良い気分でいないといけない。さもないとどこかがおかしい」と信じ込むようになった。これはもしかしたら、**過去20年間で処方薬の使用が急増している**ことと関係があるのかもしれない。人は問題に向き合うよりも、自分の感覚を麻痺させて問題を避けているのだ。

ポジティブ心理学は、痛みの回避と喜びの追求を提唱する、快楽主義的な世界観に根づいている。その研究成果を全面的に受け入れている人には残念な話だが、**快楽を求め続ける人生では、深い意義と満足を作り出すことはできない**。

本当の意味での充足感や達成感を作り出すのは、「負担」であり、「挑戦」であり、「対立」だ。**本当の幸せとは多くの場合、将来に向けて今、苦労しておくこと**なのだ。

古代哲学・東西宗教・最新心理学で一致した見解

つかの間の喜びと本物の幸せは、まったく別の経験だ。科学者であり宗教指導者でもあったジェームズ・タルメイジはこう書いている。

「幸福は、苦々しい後味を残さない。落ち込むようなリアクションも起こさない。いかなる後悔も、自責の念ももたらさない。そして本当の幸福とは、記憶の中で、鮮やかさを失わずに幾度となく再現されるものだ。一方、**刹那的な快楽とは、永遠の苦悩の源として、とげのある一刺しを残していく**」

ストア派のような古代の哲学や、仏教やキリスト教のような宗教的な信仰は根本的に、人生への快楽主義的なアプローチに反対している。これらの教義によると、**困難や痛み、苦しみなどを受け入れることが、意義や成長へと向かう基本的な道となる**。

古代の哲学やほとんどの宗教では、快楽主義的な世界観よりも、幸福論《ユーダイモニック》的な世界観を受け入れている。ユーダイモニックとは、成長と貢献に満ちた、道徳的で意義深い人生を求めることを提唱するものだ。

現在、「ポジティブ心理学の第二波」とされる動きが生まれている。この新たな動きに関わる研究者たちは、ユーダイモニックな見方を強調している。**この人たちは、人生の良い面と悪い面のどちらも受け入れており、個人や社会にとって最適な結果を導き出すにはどちらも必要不可欠だと考えている。**

彼らは、満たされた人生を送るための大切な要素として、次の点を挙げている。

- 満足遅延耐性［訳注：より価値ある将来のために、今の欲求を我慢できる能力］
- 不快感
- フラストレーション
- 不満
- 痛み
- 悲劇的な出来事
- ぎこちなさ

・決まりの悪い恥ずかしさ
・不確実さ

こうした感情は、必ずしもその瞬間瞬間は楽しいものではない。しかしながら、**不快な感情を経験すると、後々信じられないような成果を出せることが多い。人は、つらく困難な経験を通じてのみ、進化できる。**もし痛みを避け続け、感情を隠し続けていたら、決して成長などできやしない。

「感情」を重要視するのをやめる——成功に必要な「失敗」が嫌になる

ベストセラー作家のジャック・キャンフィールドは、かつてこう言った。**「あなたが求めているものはすべて、恐れの対岸にある」**

彼の言うとおりだ。しかし私はこれをさらに一歩先に進めたいと思う。

痛み、不快感、衝撃、倦怠、ぎこちなさ、恐れ、間違い、失敗、愚かな様——こうした感情を避けているから、想像をはるかに超えるようなすばらしい人生を生きられない。

成功した人生には、これらが必ず伴う。とはいえほとんどの場合、こうした感情は避けることもできてしまう。避ける理由は、前述したとおり、ほとんどの人は人生に向き合わずに、極端に回避する傾向を作り上げてしまうからだ。

それでも、富、健康、すばらしい人間関係、精神的な成熟は、誰もが手に入れられるものだ。しかし、手に入れるには代償が伴う。

手に入れるための第一の障害は、「自分がすべきことについて、どう感じるか」だ。ほとんどの人は、定期的につらい感情を抱くことなど、したくはない。

とはいえ、もし今この瞬間にどう感じるかを気にしない覚悟があなたにあるのであれば、世界の99％の人たち（「今」しか気にかけていない人たち）は手にすることができない、「チャンスの世界」があなたを待っている。

どの「習慣」も悪影響になり得る

適応能力が高い学習者でいるということは、自分の環境を極めるということに他ならない。**難しくて未知の環境を極める唯一の方法は、自分の殻と習慣の外へと思い切って出ること**だ。

もちろん、人には自分の得意な学習方法や自分なりのやり方があるだろう。

しかし**「自分のやり方」では、そこから前に進めなくなってしまう**。代わりに、目の前の状況を注意深く見極め、そこで必要とされる行動を取るべきだ。

人としての進化や成功をすぐに実現したいなら、壮大な挑戦と責任を伴うシナリオを作る必要がある。自分が飛び込んだ状況に立ち向かうには、大きな波に乗るときのように、100%全力で取り組む必要がある。

これほど打ち込めるようになるための近道は、自分自身と、自分が決めたことに「投資」することだ。また、先の見えない状況を受け入れる必要もある。そこでは、「つらい感情」を自ら求め、向き合わなくてはいけなくなるだろう。

11章 「やる気」を外から取り込む

モチベーションさえ環境が生む

本物の競技者なら、攻めて勝つためのプレッシャーを常に感じている。そのための努力は惜しまない。**このプレッシャーをさらに高めるような状況を意図的に作り出し、自分の能力を証明するために挑戦し続ける。**

——ティム・グローバー（著名なスポーツトレーナー）

ジョン・バークは、ジョージア州アトランタ在住の29歳のピアニストだ。2017年、グラミー賞で最優秀ニューエイジアルバム賞にノミネートされた。アルバムには、『アース・ブレイカー』という曲が収録されている。バークはこの曲を「フィンガー・ブレイカー」と呼んでいる。猛烈に速い、激しい曲だ。

興味深いのは次の点だ。**バークは当初、まさか自分がこの曲を書けるとは思っていなか**

った。そこに潜む考え方は実のところ、作曲に対するバークの取り組みのまさに中核となるものだ。

「自分では弾けない曲」を自分用に作曲したバーク

「アース・ブレイカー」を作曲したとき、**この作品を実際に自分で弾くことはできなかった。物理的にあまりにも速く、当時のバークの技術を上回るものだった**のだ。

しかし**それはまさにバークが求めていたことだった**。自分が演奏できない曲を書き、弾けるようになるまで何度も何度も繰り返し練習した。**自分の技術レベルよりも高い曲を書くことが、バークにとって強制機能の役割を果たした**のだ。

この曲は、バークが慣れていたものより高いレベルのルールを持つ環境を作り出した。バークは、自分が作った環境に合うように成長しなければならなかった。

世界レベルで活躍する多くのアーティストと同様に、バークはプレッシャーを糧に成長する。**自分の環境に、外からのプレッシャーを意図的に何層も組み込み、そのせいで毎日仕事に出かけ、創作せざるを得ない状況に自分を追い込む**。

単に自分の技術レベルよりも1～2段階上の曲を選ぶということではない。バークはそれよりずっと先を行く。新しいアルバムを作るなどプロジェクトを決めた瞬間に、**バークは「いつ完成させて発売するか」をすぐに決める。**発売日が決まったら、そこから逆算して、完成までの重要なマイルストーンの日程もすべて決める。そしてまさにその日のうちに、いつも使っているピアノ・スタジオのエンジニアに連絡して、アルバムをレコーディングするスケジュールを決める。

通常これは、「3〜4か月前」に行うプロセスだ。スタジオを確保するために事前に支払いを済ませるのだが、この投資はまた、実際に予定した日にアルバムを録音し、制作するよう自分を持っていくための強制機能でもある。

その後、バークは自分のスケジュールを調整し、その日から数か月にわたり「創作時間」の予定を入れる。曲作りのための時間なのだが、重要な会議と同じくらい大切なものとバークは捉えているため、創作時間の予定が入っているときにライブ出演や誰かとのコラボレーションの話が持ち上がっても、**「スケジュールはもう埋まっている」**と答える。

最高のチャンスなのに、「創作時間がもう予定に入っているから」と構わず辞退してしまう――音楽の神様が降りて来てくれないかと、ただただ待っている人が多い音楽業界において、ほとんど信じられない打ち込み方だ。

人に「期待」させて努力を自動化する

そしてこれは、バークが心の中だけで活用しているメカニズムではない。「人前」でも、本書で取り上げたような様々な戦略を使って、全力で取り組んでいる。

アルバム制作に向けたスケジュールを立て終わると、バークは自分のソーシャルメディアへ行き、ファンに新作アルバムの話をする。

これが「期待を作り出す」のだと、バークは私に教えてくれた。彼は、ファンからの信頼を大切に思っている。そのため、**あらかじめ期待を作り出しておくことで、ここでも、全力で打ち込まなければいけない状況を自らに作り出す。**

驚くべきことだが、**こうしたことはすべて、プロジェクトを始めたまさにその日に行う。**だからこそ、わずか29歳にして7枚ものアルバムを生み出せたのだ。

バークは、自分が成功せざるを得ない状況を作り出す。高い創造性と成果を促進するルールのもと、活動しているのだ。そのため、彼の成功は計算し尽くされており、予測できる。バークが自分の環境の中に様々な要素を戦略的に組み込んだ結果だからだ。

生産性に頼るのではなく強制機能を使うことで、それまでよりももっと良い音楽を継続的に作れるようになる。バークは常に、それまでの自分を上回る何かをしようと努力している。そのために、「曖昧さ」「目新しさ」そして「逆境」を受け入れているのだ。

新しいアルバムを作るとき、バークは自分がそれまで知らなかった音楽ジャンルにどっぷりと浸ることにしている。新しいスタイルと技術を学ぶよう、自分を追い込んでいくのだ。簡単に作れるアルバムになどしたくない、それぞれのアルバムの制作過程でボロボロになりたい、屈辱感を味わいたい、とバークは思っている。これによって立ち上がり、それまで以上の高みへと昇っていけるのだ。

あなたなら、自分へのプレッシャーを高める状況をどう作るだろうか？

「腕のいい人」に上に引き上げてもらう

ほぼ同じ構造、構成、習性を持つ、もっとも近しい形状、同じ種の別品種、同じ属または関連した属の種は概して、お互いにとってもっとも厳しい競争相手となる。

——チャールズ・ダーウィン

チャールズ・ダーウィンによると、**あらゆる生命は、自分にもっとも近しいものと競争する**という。画家とロッククライマーの競争は、あまり意味をなさないだろう。

一般的にロッククライマーは、似たような技術レベルのロッククライマーと競争することで、スキルを磨いていく。ビジネスでいうと、同じ業界にいる相手と競争するようなものだ。そしてその業界内で、小規模プレイヤーは概して別の小規模プレイヤーと競争し、大型プレイヤーは別の大型プレイヤーと競争する。

しかし、**自分と同じレベルの人と競争すると、ゆっくりとした小さな進歩しか生み出さない**。自分の今のレベルよりもずっと上の人たちと戦うほうが、はるかに効果的なのだ。上の人たちと戦うことで、もっと高いレベルのルールに合わせた生き方をすぐに学び取ることができる。『習得への情熱――チェスから武術へ――：上達するための、僕の意識的学習法』（みすず書房）の中でジョッシュ・ウェイツキンは、自分がいかにしてこの原則を使い、太極拳で世界レベルに到達したかを明かしている。

太極拳の稽古中に自主練習の時間を与えられると、ほとんどの人は自然と、自分と同じ技術レベルの人か、自分よりも少しだけ弱い相手と練習することにウェイツキンは気づいた。これは多くの場合、エゴが理由だった。

負けたい人などいないだろう？

好んでつらい生き方をしたい人などいるだろうか？　あまりいないだろう。

しかしウェイツキンは違った。ウェイツキンは、**「負への投資」**と呼ぶルールに従って生きている。

稽古中に、ウェイツキンは意図的に自分よりもずっと腕のいい人と組んだ。こうすることで、何度も何度も、こてんぱんに打ちのめされた。**しかしこのプロセスが、ウェイツキンのスキルの成長にかかる時間を短縮して、早めてくれた**。自分よりも何年も先を行く人の能力をじかに経験することができた。ウェイツキンの脳内にあるミラーニューロン［訳注：他人の動作を見たとき、あたかも自分もその動作をしているように反応する神経細胞］が、自分より上の対戦相手をすばやく真似し、そこに合わせ、反撃できるようにしてくれたのだ。

そのため、ウェイツキンは同じクラスの誰よりも早く上達した。

「遺伝学」的に説明がつく

「エピジェネティクス（後成遺伝学）」として知られる新しい遺伝学によると、**環境からのシグナルは、あなたが持って生まれたDNAよりもずっと多くの影響を遺伝子構造に与えている**。

カリフォルニア大学ロサンゼルス校社会ゲノミクス中核研究所の所長、スティーブン・コール博士は言う。「細胞とは、経験を生態へと変化させる装置だ」

あなたが現在持っている遺伝子的な構造は、あなた自身の環境の産物であり、つまりは常に変化している。当然ながら、あなたが自分の生態をどれだけ変えられるかには限界がある（少なくとも今の時点では）。身長を3メートルに変えることはできない。しかし心理的には、まったくの別人になることはできる。そして人の心理と生態は、切り離すことはできない。

自分と同じ技術レベルと思われる人と戦うより、自分が目標とする地点にいる人と戦ったほうがいい。言い換えれば、常に自分の実力より上の人と戦うことだ。

ここに、成功する人としない人の根本的な違いが存在する。

成功しない人は、現在の状況をもとに決断を下すが、成功する人は、自分が行きたい場所を基本として決断を下すのだ。

「競う人」に合わせて才能が発現する

競争とは実のところ、強力なコラボレーションだ。

たとえばテニスでは、片方の選手に火がつき、ものすごいボールをネットの反対側へと繰り出すとき、相手の選手は無理やりそのボールに応えなくてはならなくなる。そのため、相手がとんでもないプレイをしてくると、自分でも知らなかった、よりパワフルな自分が引き出される。

才能とは、幻想の中に存在するわけではない。**自分が何を達成できるかは、自分の環境の産物**だ。そのため、誰と戦うかを決めるのは、とてつもなく重要なことなのだ。

莫大な人数の〝平均的な人たち〟と戦うと、エネルギーを消費してしまう。自分にとって最高のレベルでエネルギーを出してパフォーマンスを発揮するのとは異なる状況だ。

あなたの分野が何であれ、それがテニスの試合だと思い込んでみよう。ネットの向こう側にいるのは業界のトップの人たちで、こちらに向かって火のようなボールを打ち込んでくる。あなたはどう反応するだろうか？

もしその試合に自分がいて、実際にそのレベルで「戦える」と信じられるのなら、いつも見ているのとは別の角度から「専門家」の仕事ぶりを見ることができるはずだ。自分のヒーローとその腕前を崇拝するのをやめて、代わりに相手を「研究」し始めるのだ。

この人たちの行動は、他の人たちと一体何が違うのだろうか？

この人たちの仕事はどう完成され、どう市場に出されているのだろうか？

相手の弱点で、自分なら改善できると思えるのはどこだろうか？

この人たちがしていないことは何だろうか？　それはなぜだろうか？

ヒーローの仕事ぶりを観客としてただ楽しむだけでなく、ネットの向こうから自分に向かって打ち返されてきたテニスボールと見るべきだ。

あなたが今すべき仕事は、もっといい球を打ち返すべく反応することだ。

「人の目」があるとやる気が出やすい

競争によって、人は最高の力を発揮する――一番の例として、ソビエト連邦とアメリカの間で1955年に始まった「宇宙開発競争」がある。

この時期、アメリカ人であるということは、何かとてもすばらしいことだったし、月へ行くというのは、誰にとっても一大事だった。まさにその挑戦と競争のおかげで、急速なイノベーションと進歩が、航空宇宙エンジニアリングにとどまらず他の多くの分野でも促進された。

実のところ、国同士の競争であそこまで激しかったものは他にないため、アメリカ人はソ連とのレース以来、あれほど急速な発展を目にしていないのではないだろうか。当時のジョン・F・ケネディ大統領は1961年、有名な演説で次のように述べた。

「ソ連が大型ロケットエンジンの開発で幸先良いスタートを切り、我々よりも何か月も先に行ったことを認め、またこのリードを活用してソ連が今後しばらく目覚ましい成功を収めるであろうことを認めつつ、私たちはそれでもなお、私たちなりに新たな努力を重ねていかなければならない。いつか私たちが一番になれる保証はないが、努力をする中での失敗のおかげで、いつまでも前進できる保証はある。**世界中の目にさらすことでリスクは高まるが、宇宙飛行士シェパード氏の功績にも見られるように、まさにこのリスクのおかげで、私たちが成功したときの評価は高まるだろう**」

似たような話で、作家でありリーダーシップのコーチであるダレン・ハーディが、サンディエゴの海岸近くで自転車レッスンを受けたときの経験がある。このレッスンでは、各自転車は巨大なスクリーンにケーブルでつながれていた。スクリーンには、自転車に乗っている人の顔写真と名前が表示された。

レッスンが始まると、誰が一番速いか（多く漕いでいるか）、順番にスクリーンに赤の太字で表示された。レッスンを受けていたのは50人ほどだったが、スクリーンに名前と顔が表示されるのは、上位15〜20人程度。巨大なスクリーンは、レッスンに参加していた人たちのみならず、たまたまそこを歩いていた人や、ビーチでのんびりしていた人たちからも見えた。

ハーディは、**これまで自転車レッスンであそこまでがんばったことはなかった**と振り返る。この状況のおかげで、高いレベルでパフォーマンスせざるを得なくなったのだ。

「研修」なのに評判よく、効果が確認された

軍隊や、一部の宣教師向けプログラムでは、学習プロセスを急進的に加速するために**「文脈学習」**と呼ばれる教育法が活用されている。単に教師が情報を拡散するのではなく、社会生活における、人との協力や実用的な使用を通じて、知識を習得し自分のものにしていく学習法だ。知識を体得するために、学習者は理論上のタスクではなく、実生活の中でタスクに取り掛かる。学習者が伸ばしていくスキルは明らかに現実社会に沿ったものであり、自然と現実社会で使えるものとなる。

実際に体を動かしての学びは、学校教育のように抽象的で無菌状態の環境の中にただ座り、教科書を読んでいるよりもずっとパワフルだ。

文脈学習が効果的な理由は、非常に実用的な点以外にも「個人コーチがつくこと」「パフォーマンスへのフィードバックがすぐにもらえること」などがある。タスクがうまくできなかったとき、どうすればもっとうまくできるかをコーチしてもらえ、そのうえで、自動的かつ無意識にスキルを発揮できるようになるまで、何度も練習し続けることができる。

文脈学習が効果を発揮するステップは次のとおりだ。

①コンセプトを**「表面的」**に学ぶ。

②学んで理解したものを、しっかりと自分の中に落とし込み実際の状況に当てはめられるようにするため、このコンセプトを**「現実の世界」**で使って練習してみる。

③荒削りの部分をならすために、すぐにコーチングを受けて、**「フィードバック」**をもらう。

④同じことをもっと集中して短い時間軸の中で何度も繰り返し、**「自動的」**にこなせるようにしていく。

⑤自分の知識とスキルを評価するために、**「さらなるコーチングとフィードバック」**を受ける。

興味深い事例がある。シャイな思春期の子たちが抱く自己概念〔訳注：自分がどんな人間かについて抱く考え〕について、体を動かして学べるロールプレイ（文脈学習）がどういった効果を挙げるかを検証する実験が行われたことがあった。

ひとつのグループは、従来的な議論をベースにした研修を受け、もうひとつのグループは、ロールプレイをベースにした研修を受けた。ロールプレイをしたグループは、自己概念に著しく前向きな変化を経験し、それが青年たちの行動に大きな影響を与えた。

実際、現在では、シミュレーショントレーニング（現実世界のシナリオをロールプレイするもの）がますます人気を博している。また、効果的に学ぶには、フィードバックを一貫して受けることが必要不可欠だということも研究からわかっている。

「スペイン語」にどっぷり浸る

真の学びとは、認知と行動の両方またはどちらかに、永続的な変化が起こることだ。言い換えれば、学びにより、あなたが世界をどう見て、どう行動するかが永続的に変わる。**情報を積み重ねるだけでは、学びとはいえない**。多くの人は、頭の中に情報がたくさん詰まっているが、それを一体どうしていいかわからないでいる。

何かをすぐに覚えたいなら、その何かにどっぷりと浸り、学んだことをすぐに実践することだ。

たとえば、**スペイン語を一番早く学ぶには、スペインの文化に身を浸すこと**だ。もちろん、単語帳を毎日15分ずつ覚えていけば、最終的にはスペイン語を身につけられるだろう。しかし数か月間単語帳を使って「かじる」よりも、完全にスペイン語に浸って2〜3日過ごすほうが、ずっと深いつながりが持てる。

また、前進するための高いモチベーションを持つには、**「明確さ」**が必要だ。自分の目の前にある道がはっきり見えていればいるほど、その道を進むモチベーションは高くなる。そのため、あなたが目指すべきは、自分のモチベーションを上げようとすることではなく、自分の数歩先をはっきりと知ることだろう。

「有料のメンター」に師事する

何かしらに「お金」を払わないと、注意をきちんと払わないものだ。

ほとんどの人は、無料のものを欲しがる。しかし**自分のお金やリソース、時間をつぎ込んでいないのなら、自分自身をつぎ込むことも非常に難しくなる**。

もし自分に投資していないのなら、自分の人生のリスクを負っていないということだ。自分の事業に投資していないのなら、質の高い仕事はおそらく期待できない。もし自分の人間関係に投資していないのなら、その関係に何を与えられるかよりも、その関係から自分が何を得られるかばかりを気にしているということだ。

自己の成長についていえば、**「収入の10％」を自分に投資すれば、投資額の100倍以上のリターンが生まれる。**自分の教育、スキル、人間関係に1ドル費やすごとに、少なくとも100ドル分がリターンとして返ってくるのだ。

そして、何かをものすごくうまくこなしたいと思うなら、「適切なメンター」に囲まれる必要がある。レベルが高い目標には、質の高いメンターが必要だ。もし何かをうまくできないなら、質のいいメンターを持ったことがないからだ。

最高のメンターシップとは、あなた自身がお金を払うメンターだ。多くの場合、払う額が高ければ高いほどいい。というのも、メンターとの関係をもっと真剣に考えるようになるからだ。

単なる消費者にならずに、自分に投資しているからこそ、もっと注意深く耳を傾けるようになるだろう。もっと考えるようになり、もっと積極的に関与するようになる。成功しなかった場合の代償が大きすぎるからだ。

本を「投資」にカウントする

私は、本の企画書を初めて書いたとき、非常に高名な作家にアドバイスをもらうために「3000ドル」を投じた。

この3000ドルで、私が割いてもらえた時間はおそらく4、5時間だった。しかし彼はこの時間で、最高の書籍企画書を作るのに必要なすべてを教えてくれた。本を書く作業が劇的に向上しスピードアップするような情報や手段も教えてくれた。手を貸してもらえたことで、私は著作権エージェントを見つけ、最終的に大手出版社と出版契約を結ぶこともできた。

もし3000ドルを出し惜しんでいたら、今日に至るまで、本は絶対に書けていなかったと思う。せいぜいお粗末な企画書を書いた程度だろう。今ほどモチベーションも上がっていなかっただろうし、必要な行動を先延ばしにしていた可能性が非常に高い。

もしあなたにそこまでお金がなかったとしても、もちろん本は買えるはずだ。娯楽や洋服、食べ物にあなたはどのくらいのお金と時間をかけているだろうか？

要は、何を優先するかという話だ。**何かを起こすモチベーションが持てるのは、何かに投資したときだけ**だ。メンターシップの他にも、たとえばオンラインのコースやイベント、書籍など、何かしらの教育プログラムにお金を投じるべきだ。

あなたがどれだけ成功できるかは概して、どれだけ投資しているかから直接判断することができる。もし自分が求める結果が出ていないなら、それはその結果に向けて十分投資していないからだ。

メンターを持つことで得られる最大のメリットは、**「自分の仕事に不満感が残ること」**だ。自分としてこれまでにないほどの何かを作ったとしても、メンターはすぐに、まだまだ先へと行かなければいけないと指摘してくれるだろう。そのため、自分がプロジェクトを終えたときやスキルを上達させたときでさえ、「もっとやりたい」という気持ちになる。

これこそが、あなたが抱くべき感情だ。

というのも、この気持ちが、自分の手腕を強化してくれ、技術や原則を極めるべく、あなたを奥へ奥へと誘ってくれるからだ。あなたの考え方やビジョンがアップグレードされたおかげで、あなたの中に、もっとスキルを向上させなくては、という切迫感が生まれる。

自分の人生や今の仕事に不満を抱くということは、人として進化したことの表れだ。今の状況や結果に、あなたはもはや満足できなくなっている。経験とトレーニングを通じ、ビジョンが拡大したのだ。

アメリカの法律家だったオリバー・ウェンデル・ホームズ・ジュニアは、こう言った。

「新しい経験により広げられた心は、もとの古い大きさにはもう決して戻れない」

その瞬間にはやる気が損なわれたように感じるかもしれないが、今の自分への不満は「上り調子である証拠」なのだ。

「同じシュート」を繰り返し打つことから始める——バスケの場合

私が何かを学んだときの例を挙げよう。

私が学んだことを実践に移す間、それを教えてくれた先生は、離れたところから私の様子を見ていた。教えてもらったことをなんとか思い出そうと苦しむ私を、先生はただ見ていたものだった。初めてのときは、教えてもらったことを実践するのにかなりの時間と努力を要した。それで、私たち生徒はもう一度繰り返し、また繰り返し、そしてさらに繰り返した。そのうちに能力がついてきて、そのため自信もついた——。

新しい何かを学ぶとは、覚えることであり、そしてそれをいかにして使うかということに他ならない。最初、ワーキングメモリを保持しておく前頭前野《ぜんとうぜんや》は、タスクをどうこなそうかと忙しく考える。しかしタスクをうまくこなせるようになると、今度は前頭前野は休憩に入る。そして**実に、90％もの部分が解放される**。いったんこれが起きれば、そのスキルを自動的に使えるようになり、意識は他のことに集中できる。

このレベルでのパフォーマンスは**「カチッサー効果」**と呼ばれており、そこに到達するには、心理学で**「過剰学習」**（「過剰訓練」とも）と呼ばれるものが必要となる。そのプロセスには、次の4つのステップまたはステージがある。

①小さなことを繰り返し学習する。たとえばバスケットボールなら、「同じシュートを何度も繰り返し打つ」などだ。

②トレーニングを徐々に「難しいもの」にしていこう。あまりにも難しくてできない、というところまで、タスクの難度をどんどん上げていく。そこから難度を少しだけ下げ、「今の能力の上限近く」でキープできるようにする。

③「時間制約」を加える。たとえば数学では、生徒に難しい問題を解かせ、徐々に制限時間を短くしていく教師もいる。「時間」という要素を加えることで、2つの困難に直面することになる。まず、より速く作業するよう強いられる。次に、どんどんと過ぎていく時間を意識し続けることで、ワーキングメモリの一部がそちらに取られてしまう。

④「記憶負荷」（他のことが頭にある状態で、知的作業をしようとすること）を徐々に増やして練習しよう。簡単にいえば、トレーニングの中に、注意力が散漫になるようなものを意図的に加えるということだ。

やることが増えて「意欲」が上がった

パフォーマンスが測られるとき、パフォーマンスは上達する。パフォーマンスが測られ報告されるとき、今度は上達の速度が加速する。

——トーマス・S・モンソン（宗教指導者）

「責任」は本当に重要だ。しかし、ほぼどの環境においても、責任が存在することはほとんどない。職場や個人的な人間関係の中で、自分の行動の責任を常に負っているという人は、あまりいない。自分に自分で責任を課しているという人も少ないだろう。

人が責任に対して抱く嫌悪感を払拭することを目的に、私は1年間のオンラインコースを作った。授業のモジュール（構成要素）は、毎週新しいものになっていく。それぞれのモジュールでは、課題を出した。「目標を書き出す」「注意力が散漫になるものをなくす」などといった内容だ。受講生には、「朝と夜のルーティンを記録する」ようにも指示した。

あるとき、私は受講生に不意打ちを仕掛けた。その週のモジュールだけは、一部の人にしか見られないようにしたのだ。「朝と夜のルーティンを記録したという証拠をはっきりと示せる人」だけが、その週のコンテンツを見られるようにした。

受講生は実際にこの課題を印刷して、カレンダーに印をつける必要に迫られた。自分の行動に伴う責任を作り出すことで、受講生はそもそもお金を払ってまでやろうと思っていた作業を、無理やりにでもしなければならない状態になった。

受講生の多くはハードルが上がったことに盛り上がり、興奮した。彼らは、「自分に責任を求めてくれてありがとう」と私に感謝した。「これが自分にとっての転機だった」とメールで伝えてくれた人も複数いた。

実際の作業を経験することで、自分の進捗を記録すること、そして目標に向かって毎日どのくらい進んでいるかを確認することに、価値があることを彼らは理解したのだ。

「やめかけた受講生」が戻ってきた

当然ながら、私がオンラインコースに放り込んだこのひねりを全員が喜んだわけではなかった。ある人は不満のあまりにメールを送ってきた。「すでにお金を払ったのに、そのコンテンツを見られないっておっしゃるんですか?」この男性は怒り心頭に発していた。

私は書いた。「あなたがこのコースを購入したとき、『他のコースとは違う作りになっています』とお伝えしたはずです。先にすべての情報を提供するのではなく、このコースは体験学習型のプロセスになっています。今あなたが抱いているもの、その感情やフラストレーションが、まさにこのコースのコンテンツなのです。動画とプリントアウト用のPDFだけじゃありません。あなたの実際の行動に挑むものとなるように作られています。なので、あなたが自分の責任を果たさない限り、あなたにコンテンツをお見せすることはできません」

コースでいったんこの変化を加えると、受講生はすぐに、「単なる情報の消費者」か「自分の成長に全力で打ち込んでいる人」かに分かれた。

飴とムチの学習環境を作ることで、数か月前に軌道から外れてしまった受講生も無事にコースに戻ってきた。外からの高い期待によって、内に秘めた炎に再び火がついたのだ。

この変更に不満を抱いた人も何人かいたが、ほとんどの人は、「コースを一段上のレベルに押し上げてくれた」と感謝のメールをくれた。

私たちは誰もがみな、もっと良い生き方をしたいと思っている。自分の成長に投資しているならなおさらだ。

あなたはこれで、本書の半分以上に自分自身を注いできたことになるが、あなたの「物理的な環境」はどう変わっただろうか？
「学習環境」をどのように変えただろうか？
自分にどのような「責任」を課すようになっただろうか？
自分の環境には何を「アウトソース」しているだろうか？
どんな「強制機能」を備えているだろうか？
成功するための「プレッシャー」は高めただろうか？

50マイル先の「道」はどうすれば見えてくるか

目標にたどり着けないのは、障害のせいではなく、低い目標へ続く道のほうがわかりやすいからだ。

——ロバート・ブロート（作家）

何か大きなことを成し遂げたいと思うとき、その道のりはわかりにくくぼんやりしたものとなる。
明確さが欲しいという思いや未知への恐怖のせいで、人は目標を諦め、より簡単な環境にある、もっとわかりやすい何かを追い求めるようになってしまう。

高いモチベーションの維持には、明確な目標を持っていることが絶対に必要だ。ということは、**モチベーションを高めるには、前進できるほど物事が明確になるまでの間、不確かな状態を受け入れなければならない**ということになる。

とはいえ、「明確さ」とはすべてを理解した状態という意味ではない。**「明確さ」とはつまり、このあとひとつか2つ先までのステップをわかっているということ**だ。

もしあなたが今、1マイル目を示す標識のところにいるとして、50マイル目の標識まで行くのだとしたら、まずは3マイル目や4マイル目の標識にたどり着くための情報とサポートが必要になる。いったんそこにたどり着いたら、今度はそこから先を示す何かが必要となる。

しかしこの「何か」が何であるかは、まったくわからない。というのも、今の時点でわからないものはわかりようがないからだ。次のステップに到着したら、それを知るためにもっと的確な質問を投げかけられるようになるだろう。5マイル目の標識、6マイル目、7マイル目、8マイル目へとたどり着くためには果たして誰が手を貸してくれるのかを、今よりもっとうまく判断できるようにもなっているだろう。

あなたは今、宝探しをしている。道すがら、ヒントや道案内を見つけて進むことになる。

不確かなものやつらい感情が、あらゆる道の角に潜んでいるだろう。

大きな目標を追いかけるということは、このような過程や感情的な経験をたどるということだ。ほとんどの人が、1マイル目の標識と50マイル目の標識の間に広がる距離に圧倒されてしまう。しかしその一方であなたは、能力を伸ばし、成長し、前進していく。たいていの人は遠くから森を眺めているところを、あなたは木の中をすり抜けながら着実に進んで行く。そして間もなくすると、森の反対側に出ていることだろう。

学習と成長のこの取り組みそのものが、理論ではなく経験に基づくものだ。すべての答えを知っているよりも、前進するのに必要な情報があればそれで十分だ。

そして、ふさわしい情報を最速で手に入れるには、**現実社会で経験と失敗をする**ことだ。教室やカウンセリング室は、成功に向けた環境にはなり得ない。成功の環境は、まさに経験の中にあるはずだ。

強力な学びの環境作りには、現実社会における経験が必要となる。現実社会は、本質的に困難に溢れており、リスクは高く、何かをしたときの結果はすぐに表れる。さらに、トレーニングは理論的ではなく実用的なものとし、メンターや専門家からのフィードバックや指導も受けよう。この学び方はもっとも難しく痛みを伴うが、そのため**もっとも効果的**でもある。

1年で「25万ドル」昇給しないと脱会になるコミュニティ

2014年、私のおばのジェインは、ジョー・ポーリッシュが立ち上げた「ジーニアス・ネットワーク」に参加した。一部の人だけに開かれた、レベルの高いマスターマインド・グループ［訳注：ナポレオン・ヒルが提唱した、同じ目標や願望を持った人の集まり］だ。ジーニアス・ネットワークの目的は、「業界の変革者たち」が互いにつながり、協力し合い、教え合い、助け合える環境を提供することだ。

ジェインはジーニアス・ネットワークのイベントに数回通っただけで、目に見えて変わった。自信を持ち、明快で、集中力に溢れていた。

ジェインが自分の会社でやっていたマーケティング業務でも、その仕事ぶりはずっと大胆で洗練されたものになった。

ジーニアス・ネットワークの核となる哲学のひとつに、**「10倍思考」**というものがある。**何かを10倍の規模で考えると、それまでの間違った思い込みを修正せざるを得なくなったり、自分が恐れているものに真っ正面から対峙しなければならなくなったりする。**たとえば、今のあなたの年収が5万ドルだとして、翌年の年収を50万ドルに引き上げるという目標を掲げるなら、人生やビジネスに対する自分のアプローチそのものを根本から変化させなければならなくなる。段階を追って成長していく方法では達成できない。

ジョー・ポーリッシュは、10倍思考の考え方をかなり真剣に実践している。新会員はジーニアス・ネットワークに入会時、2万5000ドルを年会費として投じる。**会員はその後、1年以内に年収を25万ドル分、アップさせることが求められる。さもないと、翌年はジーニアス・ネットワークに参加できない。**

初期投資の10倍を稼げないなら、ジーニアス・ネットワークはあなたには合わない、ということなのだ。

「2万5000ドルの年会費」すら割に合った

2014年にジェインが参加したとき、私はちょうどクレムソン大学大学院で博士課程を始めたところだった。ジェインが羨ましかった。そして、「きっといつかは私自身もジーニアス・ネットワークの会員になるぞ」と決心した。私のロールモデルの多くは会員だったし、私はその人たちにただ憧れるのではなく、仲間になりたかった。

しかし当時の私は、ブログさえも書いたことがない状態だった。当然ながら、自分できちんとした金額を稼いだことすらない。

ジェインがジーニアス・ネットワークのキーホルダーをくれたので、私は自分のリュックにぶら下げた。キャンパスを歩いているときに毎日、ジーニアス・ネットワークについて考えた。**このキーホルダーが、マスターマインド・グループに入るという目標を外から思い出させてくれるものとなり、トリガーとなった。**

とはいえ、憧れのロールモデルの近くにいられるからという理由だけで入会したくはなかった。ネットワークに自分も貢献したかったのだ。

2017年7月、オンラインでの執筆活動が波に乗り、学業のほうでも非常に有益なマーケティングのスキルを学んだ後、私は今こそ、ジーニアス・ネットワークに申し込むときだと思った。それでも、例の2万5000ドルの投資は、いささか強烈な額だった。私はまだ大学院生でしかなかった。

しかし、10倍思考で求められるものを実現するだけのモチベーション、人脈、スキルをジーニアス・ネットワークが提供してくれるだろうと確信していた。また、私にとっての10倍のリターンは、単なる金銭的なものではないというのもわかっていた。

実際に、ジーニアス・ネットワークの会員になってすぐ、私は新しいアイデンティティを手に入れたように感じた。3年間考え続け、努力し続けた目標が今や現実になった。「扉の向こう側」へ行き、精鋭ばかりがいる環境の一部になる、そのために必要なことを私はすべてしてきたのだ。

「与える者」は与えられ、「奪う者」は奪われる

しかし、**環境に自分を変えてもらうには、ただ環境の中にいるだけでは十分ではない**。

そのため私は、ジーニアス・ネットワークに入会する前に、この経験をいかにして最大限に活かせるか、明確な戦略を練った。自分がすっかり変わってしまうような経験や人間関係すべてにいえることだが、焦点を定める先は自分ではない。**他者を助けるためにできることなら、気前よく偽りのない気持ちで手を差し伸べる、そんな豊かな精神が必要**だ。

ジョー・ポーリッシュがよく言う言葉がある。「人生とは、与える者に与え、奪う者から奪うものである」

ということで、会費を払ってすぐ、私はアリゾナで開催される会議で講演するべく申し込んだ。私が考えた最高の戦略をもっとも効果的に伝えるべく、スピーチのコーチであるジョエル・ウェルドンに依頼して、集中的に特訓してもらった。私は自分のスピーチを、

わかりやすくて行動に移しやすく、そこで説明する原則をみんなが実行したいと思えるような、モチベーションが自然に上がるものにしたかった。ジョエルとの数回のセッションに加え、ジャーナルを書いて自分のスピーチをイメージしていった。

私がイメージしたスピーチは、予想を上回る形で現実となった。会議の後、そこで発表したアイデアを、「2か月後の年次イベントでも発表してほしい」と依頼されたのだ。私は再び、どうすれば400人の出席者に最高の価値を提供できるかを考えることになった。

また同時に、2017年11月のジーニアス・ネットワークの年次イベントで、ひとりでも多くのインフルエンサーに本書の新刊見本を配りたいと思っていた。

イベントまでわずか3か月しかなかったが、翌年3月の刊行ということもあり、出版社アシェットの担当編集者はドラフト版さえもまだ作っていなかった。編集者にこの案を提案したとき、彼女は最初、驚いた。「当社では普通、著者には20部程度しか刷らないんですよ」。**私がお願いしていたのは、400部**だった。

非凡な人は「グラフ上」いつも同じところにいる

目指していたのは、本書とそこに書かれている考えを、できる限り拡散することだった。

なぜそうしたいかがはっきりしていて思いが強ければ、そのための戦略も本質的に強力で巧みになる。自分のビジョンに揺るぎない確信を抱いていた私は、目標を間違いなく達成できる状況を作り上げた。「目標を達成するには何をもっと投じればいいのか」を常に考え、目標に向かって私がどれだけ打ち込んでいるかを、みんなに確実に伝わるようにしたのだ。

結果的に400部の見本書を配布するという私の案に対して許可が下りたのだが、**私は必要であれば、自分で見本書の代金を支払い、自分で車を運転してニューヨークまで取りに行くつもりだった。**私を止められるものは何もなかった。**本書に複数の投資をしたことで、私の決意は改めて固まったのだ。**

あなたがいる環境が何であれ、心理学でいうところの**「正規分布」**といわれるものがそこには存在する。正規分布とは、ほとんどの人は相対的に同じであるということだ。しかし**分布範囲の両端には、普通の人ほど結果を出さない人や、普通の人をはるかに上回る結果を出す人が何人かいる**ものだ。

これは、誰もが相対的に同じである中、適応能力の高い学習者は、自分の能力が発展していく中で特定のレベルで伸び悩みはしないということを意味している。厳しい状況に飛び込み、その状況が自分のアイデンティティを作り直してくれるのに身を任せる。**これは、**

新しい役割を引き受け、新しい環境の文化を吸収することで可能となる。

正規分布から外れるべく力を伸ばそうと、何らかのメンターシップやトレーニングを受けるために多額の投資をするとき、その投資自体は、スキルそのものを上げるものではなく、前進に向けたモチベーションを高めるメカニズムの役を果たすにすぎない。

投資は強制機能であり、できれば「帰還不能点」でもあってほしいところだ。この帰還不能点は、目的地ではなく出発点である。自分が作りたい変化に完全に打ち込めるようになる瞬間だ。

そのため、新しい環境で学んだあらゆることを適用するには、投資で得たモチベーションをうまく乗りこなす必要がある。自分がなりたい人物になるために、自分自身を変える必要があるのだ。

「先例」が時に失敗の呼び水になる
——成功者に「一発屋」が多い理由

ひとつの環境にはあまり長居しすぎないほうがいい。同様に、**ひとりのメンターに長く師事しすぎないほうがいい**。中国の哲学者、老子のこんな言葉がある。

「生徒が準備できたとき、教師は現れる。そして、生徒が本当に準備できたとき、教師は姿を消す」

適応能力の高い学習者でいるということは、ひとつの段階には決してとどまらないということだ。

どの段階にも、ルールや学びはある。そして学び取るまで、教えは繰り返される。しかし、あまりにも多くの人が、成長途中のひとつの段階で進歩が止まり、特定の環境に適応しすぎてしまう。そこのルールに慣れ、そのルールに基づく暮らしが生み出す結果に満足するようになってしまうのだ。

いわゆる「成功者」のほとんどが、それ以上はなかなか成功できない理由はここにある。作家のグレッグ・マキューンは、**「成功が失敗を促す触媒になる」**と指摘している。

成功に酔ってはいけない。

手にした結果や進捗に甘んじてはいけない。

自分がどこまで来たかを認識しよう。しかしそこで立ち止まってはいけない。これまでと変わらずに、自分よりもレベルの高いメンターや競争相手に囲まれるようにしよう。これまでと同じように、仕事の質や自分の貢献度のレベルを上げ続けよう。

「固定型マインドセット」には決してなってはいけない。あなたは水のように流動的な存在だ。どれだけ変われるかに、限界などない。

「普段と違う場所」なら努力が容易になる

ジーニアス・ネットワークのイベントへの参加はまるで、消火ホースから水を飲んでいるようなものだ。文字どおり、教えてもらったことすべてを吸収したり、まとめ上げたりなどはできない。まるでレベルの高いマーケティングトレーニングや自己啓発トレーニングを1日10時間、2日間ぶっ続けで受けているようなもので、疲労困憊する。

しかし同時に、これは毎日のルーティンや仕事からの休息とリカバリーになる。

そしてここからも、意志力に関する研究には欠陥があることがわかる。

ある研究によると、意志力とは基本的に「備蓄されたエネルギー」とのことだ。いったん枯渇すると、もうそこでおしまいになってしまう。しかし、別の調査によると、**環境を変える行為そのものに、その人のエネルギーを劇的にアップさせる可能性がある**ことが明らかになった。

つまり、自分のいつもの環境を離れ、もっと努力が求められる作業に取り組む（たとえばジーニアス・ネットワークのイベントに参加するなど）ことで、エネルギーはたっぷり満ちるのだ。というのも、これまで経験のない新しい環境に身を置いているからだ。

そして**目新しさはやはり、強い「フローの状態」を引き起こす主要な強制機能のひとつとなる。**

「スケジュール」に自分を引っ張ってもらう

ポジティブなストレスと厳しい要求が存在する「強化された環境」を作ると、あなたが意識的に努力しなくても、成功へのモチベーションは天にも届く高さになる。自分の環境と矛盾することなく、そのモチベーションによって前へと引っ張られていく。「モチベーションは〝強化された環境〟に任せよう」という具体的な戦略には、次の点が含まれる。

- 「外からのプレッシャー」をいくつか作り、責任を果たす
- 目標を「公言」する
- 顧客や自分を応援してくれる人たちが自分に「期待」を抱いてくれるよう仕向ける
- 自分のプロジェクトに前もって「投資」し、事前にスケジュールを組む
- 「自分よりもレベルの高い人たち」に囲まれる

- 「競争」はコラボレーションのひとつの形だと考え、自分よりもずっと高いスキルの人と戦う
- 何かに全力で打ち込み、それを「公の場」で実践する。人前で実践するという外側からのプレッシャーが、成功したいという内側からのプレッシャーを高めてくれる
- 目標に向かってほんの「1〜2歩」前進できる程度、先がはっきり見えるようにする
- 自分がやりたい分野で「世界レベルのメンター」を見つける
- 自分にとってのロールモデルや、もっと高いところで生きられるよう手を貸してくれる人がたくさんいる「マスターマインド・グループ」に参加する

12章 ニュー・ワークルール

「オフィス」だから仕事ができない?

新・労働環境論

あなたがいる環境は、「今している行動」にぴったりと合ったものであるべきだ。

こうした理由から、**寝室にはテレビを置かないほうがいい**。寝室は、テレビを観るための場所ではないのだ。たとえあなたの家が小さなアパートだとしても、テレビは台所か、なんなら浴室に置いたほうがまだマシだ。

しっくりこないかもしれないが、それでも、テレビを置くことにより寝室で意志力を発揮せざるを得なくなり、睡眠が阻害されるよりは弊害が少ないだろう。

眠れないのは「部屋」のせい

夜なかなか寝つけないという人の根本的な原因は、寝る以外のいろいろな行動をトリガ

ーするような環境に寝室がなっているためだ。最適な睡眠を得るためには、寝室は質の良い睡眠を取るためのトリガーで満たされるべきだ。その目標を阻害するものは一切置くべきではない。

寝るときだけにしか着ない「専用の服」を決めるのも役に立つ。これもまた、着ると眠くなるというトリガーの役を担ってくれる。

寝室が、その環境での行動をはっきりと反映したものであるべきなように、仕事をする空間もまた、その日に行う作業に合ったものであるべきだ。パソコンを使って仕事をする人がますます増えているが、その業務の内容はかなり幅広い。**そうした様々なタスクを同じ物理的空間の中で行うのは、最適な取り組み方とは言い難い**。

代わりに、今している作業の種類と明確に関連した、様々な仕事環境があるべきだ。それぞれの環境は、それぞれの仕事をこなすのに必要な精神状態をトリガーしてくれるものにしよう。

「就労時間」が人間の体に合っていない――9～5時でも

「朝9時から夕方5時まで」という従来的な就労時間は、生産性を上げるにはおそまつな制度だ。おそらく、ほとんどの仕事が肉体労働だった時代には、このような長時間労働に意味があったのかもしれないが、現代のような知識ベースの労働環境では道理に合わない。

今のようにおそまつな制度の上に成り立っている仕事文化がもたらした影響を見てほしい。従業員がそこそこの実績しか挙げずに、刺激に中毒し、没頭し切れず、仕事を嫌ってさえもいる、という光景はよくあるばかりか、「そうなって当然」と思われるほどだ。

こうしたものは、21世紀の偽りの仕事環境がもたらした結果だ。

ほとんどの仕事が、手作業から頭でこなす業務へとシフトする中、多くの組織そして多くの国が、ワークフローの変化に気づいた。

その結果、仕事のシフトを週30時間に短縮した組織も少なくなく、そうしたところは、頭を使う仕事やクリエイティブな仕事の環境として**「オフィスのパーテーションの中」が必ずしも最善ではないと悟り、今や従業員にリモートワークを許可している。**

従来的な9〜5時の仕事は、「人々の新しい生き方ではもはや理にかなわなくなった、古いルールでいまだに社会が動いている」わかりやすい事例だ。

世界は変わった。成功したいなら、新しいルールを理解し、それをうまく実行するために自分の人生を新しい世界での生き方に合わせる必要がある。

「自宅」のほうが創造的になれる

最高にクリエイティブな仕事には、「集中した時間」と「リラックスした時間」を合わせることが不可欠だ。**強烈に集中して1～4時間ほど過ごした後、その環境とは異なる場所で、リラックスして心を自由にさまよわせる。環境はローテーションさせる必要がある**のだ。

前述した調査を思い出してほしい。**職場でクリエイティブなアイデアが浮かぶと答えた人は、回答した人のわずか16%**しかいなかった。アイデアとは概して、その人が自宅にいたり、乗り物に乗っていたり、何か娯楽のアクティビティをしたりしているときに浮かぶものなのだ。サムスン・セミコンダクターの元社長、スコット・バーンバウムは、**「もっともクリエイティブなアイデアは、パソコン画面の前に座っているときに降りてくるものではない」**と話している。

何かしらのタスクに直接向き合って作業しているとき、心は手元の問題ばかりに集中して考えてしまうものだ（すなわち〝直接的〟に考えている状態）。反対に、仕事をしていないとき、心はゆったりとさまよう（〝間接的〟に考えている状態）。ドライブなどをして得られる環境からの外的な刺激（たとえばビルや周囲の景色など）は、無意識のうちに思い出（脳内の過去情報）や他の考えを刺激する。

このとき、内心は文脈的（いろいろなテーマについて）にも、そして過去、現在、未来と時間的にもさまよっているため、脳は今解決しようとしている問題について一見関係ないような遠いものともつながりを作る（ここで「ひらめいた！」となる）。

つまり、創造力とは結局のところ、脳の様々な部分をつなげることであり、思考やひらめきとはどこかから降って来るものではなく、完璧を目指すことで磨いていけるプロセスなのだ。

起きてから「3時間以内」で脳がベストに

クリエイティブな仕事や頭を使う仕事となると、朝9時から夕方5時までのような、根拠のない社会通念に従って働くよりも、自分のエネルギーの質と量がもっとも高まるときに合わせて働くのが一番だ。

心理学者のロン・フリードマンは、生産性を最大限に高めるためにもっとも大切な時間は**「1日の最初の3時間」**だとしている。『ハーバード・ビジネス・レビュー』の記事にフリードマンはこう記す。「**本当にしっかりと集中できる長さは通常、3時間ほど**だ。『計画すること』『考えること』『うまく話すこと』といった面でかなり貢献できる」

ある研究によってもまた、脳とりわけ前頭前野は、目覚めた直後がもっとも活発ですぐにクリエイティブな状態になることが確認されている。寝ている間に潜在意識がゆったりとさまよい、文脈的・時間的なつながりを作るのだ。

ちなみに、寝ている間に潜在意識が経験した何かしらの大発見を捉えるには、目覚めたらすぐに「夢日記」を書き始めることだ。このジャーナル書きのセッションでは、頭にある考えを「すべて」紙に書き出そう。というのも、**こうした考えは、具体的な目標など、あなたが達成しようとしている何かに関係している可能性が高い**からだ。

「眠っている自分」に考えてもらう

とはいえ、ジャーナル書きのセッションでは**あまり強く集中しすぎない**ことが大切だ。心が行きたいところへ自由にさまよえるようにしたほうがいい。こうしてさまようことで、睡眠中に潜在意識の中で起こった大発見へとたどり着けるようになるかもしれない。

私は、朝のジャーナル書きを10年近く続けている。ジャーナルはたいてい、ジムの外に駐めた自分の車の中で書くのだが、ジャーナルをつけている間に、書きたい記事や連絡すべき人などのアイデアが浮かぶ。私の人間関係の多くは、ジャーナル書きのセッションからのアイデアをきっかけに始まった。そこから積極的に連絡するようになり、その関係はそのうちに、自分を変えてくれるような人間関係へと育まれていった。

この経験をさらに拡大して最大限にするために、**睡眠中に心がさまよう方向をうまく指示できるようスキルを磨くこともできる。**

発明家のトーマス・エジソンはこう言った。**「自分の潜在意識にリクエストせずに眠りにつくなどということをしてはいけない」**

覚醒から睡眠へと移行する間、脳波は活発なベータ波の状態からアルファ波、そしてシータ波へと変わり、最終的にデルタ波で眠りに落ちる。自分の潜在意識が持つパターンを再形成するのに心がもっとも敏感になるのは、**眠る直前の「シータ波の間」**だ。

この性質を利用して、眠りに落ちる直前に、寝ている間に心に集中してほしいことについて視覚的にイメージしてみよう。

「ドキュメントの色」を変えるだけで生産的になる

頭を使った作業を高いレベルでこなせるのは、**1日に3〜5時間までだということが調**

査でわかっている。しかしこれを長引かせたり、貴重なこの時間を確実にフローの状態で過ごしたりするために、できることがいくつかある。前出の心理学者エレン・ランガー教授が行った数種類の実験によると、**「文脈」を変えるという簡単な行為だけで、心をもっとずっと活発な状態に保てる**のだ。

ランガー教授はある実験で、ひとつのグループに1色の紙（通常は白）を使ってものを書くタスクをしてもらった。もうひとつのグループには、タスクの内容は同じだが、紙の色を何度か変えてもらった。たとえば、白から黄色、白そして再び黄色、といった具合だ。

この小さくてシンプルなひねりを環境に加えたおかげで、このグループは他より、活発かつ熱心に取り組めた。

同じ環境下で長い時間、同じ作業を続けると、精神的に活気を失ってしまいかねない。脳を活発な状態に保つには、「目新しさ」が必要だ。いつでも注意を払っていられるように、スケジュールを組む必要がある。努力を惜しまない自分で居続けるために、何か難しいものが必要だ。

もし気づくとぼーっとしていたとか、わざと気を紛らわせようとしている自分に気づいたら、新しい環境に移ろう。大抵は、「別の部屋へ歩いていく」という行為そのものが、今やっていた仕事のアイデアが湧いてくるように刺激してくれるはずだ。

もっと効果があるのは、短い休憩を取って頭を休め、その後、別の部屋に行くなり、椅子を変えるなり、まったく違う場所に数時間行くなりして、それまでと違う環境で作業を続けることだ。

曜日ごとに「オフィス」を替える——マイゼルの取り組み

起業家で作家でもあるアリ・マイゼルは、自分の環境がいかに思考、感情、仕事の遂行能力に影響するかを痛感している。

目標を達成するために必要な精神状態をトリガーするべく、マイゼルは自分の環境すべてにおいて、照明などの細部にこだわり、細かな調整をしている。また、**1週間のうち「2日」続けて同じ環境で働かないように調整**もしている。

起業家として、マイゼルはブログの執筆からポッドキャストの録音、実際の商品の制作、電話でのコンサルティングに至るまで、様々な種類の仕事をこなす。そしてその日に取り組む仕事内容に一番合うように、**「曜日」と「作業場所」を決めている**。

また、処理量をもっと上げるために、**関連した作業をまとめて行う**ようにしている。ブログを書く日には、他のことは何もせずにブログを10本書きまくる。ポッドキャストを録音する日には、パートナーと一緒に5本以上のエピソードを録音することもある。
「マイゼルの1週間」はこんな感じだ。

月曜日と金曜日――「電波の悪いところ」で仕事

マイゼルは月曜日と金曜日、ニューヨークにある会員制の宿泊施設「ソーホーハウス」で作業する。マイゼルによると、ここのWi－Fiと携帯電話の受信状態は良くないらしい。**しかしこれが、彼にとって有利に働く**のだ。

というのも、月曜日と金曜日は、執筆やその他のコンテンツ作りに完全に没頭するからだ。さらに、ソーホーハウスの照明は薄暗くて奥行きがあるため、まるで洞窟にいるような感覚を演出してくれる。明るい照明や他の人に邪魔されることがあまりないおかげで、マイゼルの集中力はアップする。

こうした非常にクリエイティブな曜日には、マイゼルは仕事に完全に片がつくまでほとんど何も食べない。これが効果的だということを裏づける研究は数多くある。集中力を要する仕事は多くの場合、**胃が空っぽのときのほうが作業しやすい**。生産性の専門家であり起業家でもあるロビン・シャーマの言葉を借りれば、**「食べ物を減らせば、処理量は増える」**。もちろんすべての仕事に当てはまるわけではないが、かなり知的でクリエイティブな仕事には大いに当てはまる話だ。お腹がいっぱいだと、頭がぼんやりしてしまう。

最後に、マイゼルは月曜日と金曜日の作業内容に合わせて聞くインターネットラジオ局がある。**ソーホーハウスでクリエイティブな作業をしているときにしか聞かないもの**だが、フローの状態へとさらに深く入るためのもうひとつのトリガーの役を果たしてくれる。ノイズキャンセリング機能がついたヘッドフォンで何度も繰り返し聞く。

クリエイティブな仕事をしている間にクラシック、アンビエント、エレクトロニックミュージックなどを聴くアーティストや起業家は多い。

さらに、仕事中はひとつの曲を数時間、繰り返して聴くという人が（私を含め）多い。心理学者のエリザベス・ヘルムート・マーグリスは著書『On Repeat：How Music Plays the Mind』（『リピート：音楽の心への影響』、未邦訳）の中で、なぜ音楽を繰り返し聴くことで集中力が高まるのかを説明している。1曲を繰り返し聴いていると、その曲の中に意識が溶けていき、心がさまようのを止めてくれるのだ（注意。仕事から離れているときは、心をさまよわせてあげよう！）。

オープンソースのブログソフト「ワードプレス」の創設者マット・マレンウェッグも、フローの状態に入るためにたった1曲を繰り返し聴くという。作家のティム・フェリスやその他多くの人も同じだ。

火曜日――「人と仕事をする」日

マイゼルは火曜日を、電話や会議に当てている。そして電話とビデオチャットのどちらにも、長い時間を費やす。

この曜日の仕事は、ソーホーハウスでのものよりずっと活気に満ちて社交的だ。そのため、マイゼルは事業パートナーであるニックの自宅マンションで仕事をする。

ニックの自宅に足を踏み入れた途端、マイゼルの脳はパチっと社交モードに切り替わる。マイゼルとニックの関係は非常に相乗作用が高いもので、クライアントと話している間や会議中にアイデアが湧いてくる。会議の前後に話し合いができるため、お互いに物理的に近くにいたいのだ。

さらに、それぞれが顧客と電話で話している間、「それを聞いてくれている人が物理的に実際にそこにいる」という事実のおかげで、2人は最高のレベルで仕事を続けられる。

ニックの家で仕事をする日は、マイゼルはブルーライトや紫外線から目を守るブルーライトカットメガネをかけない。ヘッドフォンも持ってこない。

さらに、エネルギーを維持するために、たんぱく質、果物、野菜に加えて、ヘルシーな脂肪分が取れる食べ物を意図的にたくさん食べる。**社交的で活発な仕事をするには、体に食べ物を入れたほうがいい**のだ。

水曜日——コワーキングスペースで「火曜日」の延長

水曜日には、マイゼルはニューヨークにあるコワーキングスペースで作業を行う。ここはマイゼルが毎月99ドル払って会員になっているところだ。この曜日は、前日にニックの家でしていたようなビデオチャットや電話をたくさんこなす。

木曜日——「フレキシブルな日」にする

マイゼルは木曜日の仕事場所をとくに決めていない。この曜日は、そのときに自分が取り組んでいるプロジェクトによって流動的に過ごす。会議をいくつかこなすときもあるため、どこで作業するかはその内容によって変わる。多くの場合、レコーディングスタジオへ行き、5時間かけて7~8回分のポッドキャストを収録する。

家での仕事は「メモ程度」に

そして、**マイゼルは自宅にいるとき、絶対に仕事をしない**。寝室のテレビと同じように、自宅での仕事はその環境のトリガーにそぐわず、今という瞬間に意識を集中して生きることを阻害してしまうからだ。

とはいえ、マイゼルはクリエイティブな人なので、どこにいても自然とたくさんのアイデアが湧いてくる。その結果、彼の自宅環境における大きな特徴は、**アイデアを記録しておくためのデバイスや方法がいくつか用意してある**ということだ。

アイデアを紙や何かしらの形で外に記録せず、心の中に長い時間取っておけばおくほど、短期記憶に多くの負担をかけてしまう。マイゼルは考えが浮かんだときに記録しておくため、「アマゾン・ダッシュ・ワンド」というデバイスを使っている。

こうした考えは仕事関係のこともあれば、「アマゾンであの商品を注文すること」というシンプルな場合もある。また、アイデアの録音にはアレクサもよく使っている。

マイゼルの自宅にはそこら中にボイスレコーダーが散らばっている。というのも多くの場合、手が使えない何かをしているときにアイデアが出てくるからだ。こうすることで、子どものおむつを替えているときでさえも、アイデアが浮かんだ瞬間に記録しておくことができる。

マイゼルはこの記録法を他の人よりさらに一歩進め、浴室では防水仕様のノート「アクアノーツ」を使っている。シャワー中に湧いてきたアイデアをこうしてすべて記録しているのだ。

マイゼルにとって、すべてのプロセスは主に3つの戦略に分けることができる。**「最適**

化」「自動化」「アウトソーシング」**だ。

マイゼルの最初のゴールは、物事を効率よく機能させることと、それを阻害するものはすべて、自分の環境や人生から排除することだ。これが、「最適化」。そして身の回りの物事をすべて最適化させたあと、今度はテクノロジーを駆使して、可能なものはすべて自動化する。また、マイゼルは、仕事時間を短縮して家族と積極的に過ごすためにもテクノロジーを活用している。生活の中で可能なものすべてを自動化したら、残ったものをアウトソーシングする。

彼が自動化もアウトソーシングもしていない唯一のものは、自分のスーパーパワー――つまり、マイゼルにしかできないスキルと能力だ。それ以外は、誰か他の人やテクノロジーにやってもらう。

ネット閲覧を「回復時間」に数えてはだめ

あなたの環境は、あなたの仕事の一部だ。あらゆる環境にはルールがあって、特定の種類の活動に適する環境というものは明らかに存在する。自分の仕事の種類に必要な精神状態をトリガーしてくれる、そんな環境で働くことを心がけよう。

さらに、もっと没頭できるようにするには、**「仕事環境を常に変える」**のがお勧めだ。

マイゼルのように週全体でまったく異なる場所へ移動する必要はない。**ただ数時間ごと、または様々なタスクごとに部屋を替えるだけでも驚くほど効果がある**。

また、かなり集中して仕事に取り組むときは、精神面を休ませる休憩を必ず間に挟もう。精神面の休憩を取るときは、注意力散漫の状態でインターネットをサーフィンして過ごしてはいけない。**代わりに、仕事場を離れ、歩き回ってみるといい**。もし外に出られたり、木や人など外からの刺激に触れることができるなら、さらに良いだろう。リラックスしているとき、心はさまよい、今している仕事と一見関係がないような遠いものともつながりを作り始める。

仕事環境を変えると、ものすごい活力が生まれてくるようになるだろう。簡単に飽きたり気が散ったりしなくなる。クリエイティブな洞察をもっとたくさん得られる。

この方法は、環境に合わせて作業内容をまとめるととてもうまくいく。**1日に、ひとつの作業をひとつの環境でたくさんこなす**。このやり方は、ほとんどの人の働き方とはだいぶ異なる。多くの場合、人は同じ環境の中でタスクからタスクを常に切り替えて働くものだ。そのため、環境は最適化されず、フローにまったく入り込めない。

13章

「誰といるか」が極めて重要

「世界観」が音を立てて変わる

曲げられるルールもあれば、壊せるルールもある。

——モーフィアス（映画『マトリックス』の登場人物）

サイエンス・フィクション小説『エンダーのゲーム』（ハヤカワ文庫）は、政府に雇われた男の子エンダーが主人公だ。

軍の指導者になるために、エンダーは衛星軌道上に設けられた戦闘訓練基地《バトルスクール》で訓練を受ける。主な訓練方法は、非常に競争の激しい「ゲーム」だ。バトルスクールでは、エンダー同様に子どもが何人か訓練を受けている。こうした子どもたちは全員、非常に洗練された無重力戦闘訓練室《バトルルーム》の中で戦うチームに属している。食堂には巨大なスコアボードがあり、成績優秀なチームから順に表示される。

エンダーは、何歳も年上の他の子たちよりも適応能力が抜きん出ていた。無重力に耐えられる能力が非常に高く、たとえ方向感覚がわからなくなるような新しい状況にあっても、自分を見失うことがない。自分の環境の変化に非常に敏感なうえ、「無重力下での方向性は相対的でしかない」という事実について、他の子とは異なりエンダーは悟る。無重力の環境では、上も下もないのだ。しかし他の子たちは、無重力に入っても相変わらず、重力のある環境のように方向性を保とうとしていることにエンダーは気づく。

「集団の意志」が自分の考えになる

無重力のルールは、バトルルームへと続く廊下でのルールとは異なるため、すぐに適応できるエンダーの能力は大きな利点となる。

ランガー・マインドフルネス研究所の所長でもある前出のエレン・ランガー教授によると、マインドフルネスとは単に状況への気づきであり、その状況の変わりやすさ、または実際の変化に気づいていることに他ならないという。もしマインドフルネスを失った、気もそぞろな「マインドレス」の状態であれば、微妙な違いに気づくことはできない。**すべてが白か黒だと決めつけ、ひとつの環境のルールは、別の環境でのルールと同じだと決めつけてしまう。**

また、ある環境にいるときの自分と、別の環境にいるときの自分が同一人物だと間違って思い込んでしまい、そのため自分自身の役割を理解できなかったり、その役割を変える能力を発揮できなかったりする可能性が高い。

こうしたことを理解していたエンダーは、ゲームを巧みに操作して有利に進めた。無重力で集中力が欠如しているところを狙い、エンダーは他のチームを打ちのめした。これまで見たことがないような状況に、他のチームはどう反応していいかわからなかった。とはいえ、**彼らもまたすぐ、エンダーのしていることを理解した**。そしてやがて、バトルスクールとゲームの文化は変わらざるを得なくなった。

ほとんどの人は、「非常に限定的かつ間違った思い込み」の中で動いている。他の人が気づかないことに気づける人はほとんどいない。前述した**瓶の中のノミのように、ほとんどの人は集団思考の教義の下で動いている**。決して正しくはないのに、社会的な文化が勝ってしまうのだ。

そして人はみな、文化的な規範のせいできちんと判断できなくなっている。それと同じくらい重要なことは、「こうした規範は変えられない」と間違って思い込んでいることだ。

しかし、すべての環境は生態系であり、つまりはどの環境も流動的で、適応性があり、生きているのだ。

本来関係のない「特許庁」で論文を仕上げたアインシュタイン

「何かの前日」こそが、本物の突破口、突飛なアイデアになる。

——ピーター・H・ディアマンディス（起業家）

物理学者のアルバート・アインシュタインは1905年、「アインシュタインの原論文」として知られる4つの研究論文を発表した。この論文は後に、空間、時間、物質に関する現代物理学の土台を大きく変えることとなった。興味深いことに、**これらの論文を発表したときのアインシュタインは、アカデミックな環境ではなくスイスの特許庁で働いていた。**

このように直感に反する環境で作業していたおかげで、アインシュタインは典型的な物理学研究所で抱いたであろうものとは異なる視点や疑問を持つことができた。アインシュタインが作り出した〝つながり〟は、革新的で科学的な大躍進となり、人類が抱いていた、世界そして宇宙への認識を変えてしまうほどになった。

もうひとつ、ある人たちの例を見てみよう──ザ・ビートルズだ。

ザ・ビートルズの一番の才能は、特別な関係を作り出せる能力だ。音楽理論が専門のデイヴィッド・サーマイヤー教授は説明する。「何と言っても、ザ・ビートルズはあらゆるタイプの音楽に好奇心を抱きました。そして彼らは、**複数の文化から新しい影響を取り入れ、自分たちの音楽を常に改革していました。**このような実験のおかげで、ザ・ビートルズの作品には、彼らと同じ時代にあった音楽とは異なる特徴があるのです」

ザ・ビートルズは、無数の源からアイデアを組み合わせ、混ぜ合わせただけでなく、**系統立てたコラボレーション**も行っていた。

ジョン・レノンが荒削りなアイデアもしくは曲の一部分を出し、それをポール・マッカートニーに渡して磨き上げてもらったり、完成させてもらったりする。ポールもまた、同じことをジョンにしてもらう。2人のうちのどちらかが書いたAメロやサビに、もう片方がミドル・エイトやBメロを加えるというやり方もしただろう。

ジョン・レノンはかつて、この相乗効果を「目と目を向かい合わせての作曲」「お互いの鼻に向かって演奏」などと表現した。**多くの場合、2つの不完全な曲はこのプロセスを経て、傑作へと姿を変えていった。**

ビートルズの曲は「論理的」に作られた

そのため、ほとんどの人が想像する創造性（どこか隔離されたところで、抑え切れない力が予測不能な形で生まれるもの）とはほど遠く、**ザ・ビートルズにはしっかりと系統立った手順があった。**

ポール・マッカートニーは説明する。「共作のものに関してはいつも、ジョンが大抵、最初のAメロだけを作って、それで十分だった。方向性だったり、道しるべだったり、それから曲全体へのインスピレーションだったりした。この言葉は嫌いだけど、**テンプレートだったんだ**」

コラボレーションとは、これまでになかった新しいつながりを作る物理的な行動だ。2人以上の人が同じ目標に向かって協力し合うと、インプットの合計とは異なるアウトプットができあがる。部分を足したものがそのまま全体になるわけではないのだ。特徴的な2つの源を元に、違う源を融合させてもできなかったであろうつながりが作られる。

新しいものを作り出すザ・ビートルズの能力は、偶然の産物ではなかった。彼らは非常に才能豊かで、訓練された、経験を積んだミュージシャンだった。個性的な影響力を〝2

人が同じ空間に同時に存在する〟という環境に統合させることで、彼らは他者によって設定された創造性の境界線を押し広げたのだ。スペインが生んだ芸術家パブロ・ピカソはかつてこう話した。**「プロらしくルールを学びなさい。そうすれば、アーティストらしくそのルールを壊すことができる」**

多くの場合にそうであるように、人は最初のうち、あなたの進歩的な考え方を拒絶するだろう。あなたが何をしようとしているのか、理解してくれないだろう。しかし説得力をもって多くのアイデアをまとめ、ひとつのシンプルなコンセプトへと変えていくことができるのならば、最終的には、新しいアイデアは理解してもらえるはずだ。

いったん新しいアイデアが根を下ろし、環境全体に行き渡ってしまえば、その環境は変わる。そしてそれが循環していく形で、新しい環境はその後、人を新しい形へと変えていく。英国の元首相、ウィンストン・チャーチルはこう言った。**「私たちは、建物を形作る。その後、建物が私たちを形作る」**

ザ・ビートルズが環境を変え、新しい環境はその後、文化や人類を変えていった。

組むなら「全くの異業種」がいい

既存の現実と戦うことで物事を変えることはできない。何かを変えるには、既存のモデルが時代遅れになってしまうような「新しいモデル」を作ることだ。

——R・バックミンスター・フラー（建築家）

最高の起業家たちの何人かが非常にうまく活用している、重要な概念がある。**「個性的なコラボレーション」**（**「共同ブランディング」**とも）というもので、それぞれのビジネス、アイデア、人物が持つ強烈な強みが組み合わされたときに、「1＋1＝10」になるような状況を作り出すことができる。

2017年、私は妻と一緒に、有名レストラン「セントラル」で食事をするためにペルーへ行った。ここは、世界で5本の指に入るとされることも多いレストランだ。

予約は簡単ではなかったし、ここでの食事は他では決して経験できないものだった。しかし、私がもっとも心を奪われたのは、シェフのヴィルヒーリオと植物学者である妹のマレーナとのコラボレーションの話だ。

「ペルーの躍動感をすべてキッチンに持ち込もうというアイデアを思いついたとき、妹の協力が必要だと思った」とヴィルヒーリオは話してくれた。妹は飲食業界で働いていたわけではなかったし、簡単に首を縦に振るような人物でもなかった。そのためヴィルヒーリオは、妹を説得するためにニューヨークへの最高の食事旅行を計画した。妹がチームに加わってくれたら、これまで誰もやったことがないような何かを作り出せると確信していたのだ。

さらに、ヴィルヒーリオが抱いている核となるコンセプトのひとつに、**「意外な場所で野心的な人物を見つける」**というものがある。たとえば自分の車を修理に出すとき、整備士を見て彼はこう自問する。「この整備士は野心に溢れているだろうか？」

野心を見つけたとき、それを自分の環境に反映させることで、その環境にいる人たちをすばらしいシェフやウェイターに変貌させられるとヴィルヒーリオは考えている。

もうひとつの例に、アメリカのカメラメーカー「ゴープロ」と清涼飲料水メーカーの「レッドブル」が組んだ、成層圏からのスカイダイビングプログラム「レッドブル・ストラトス」がある。

ゴープロとレッドブルのプログラムで、フェリックス・バウムガートナーは2012年10月14日、ニューメキシコ上空約24マイル（約39キロ）の成層圏へヘリウム風船についたカプセルで向かい、そこから宇宙服とパラシュートで地球に向けてフリーフォール（自由落下）を行った。カプセルを出てから着地までの合計飛行時間は約10分だったが、バウムガートナーはパラシュートを開くコードを引っ張るまでの4分19秒間、フリーフォールしていた。

これは、ゴープロとレッドブルのコラボレーションがなければ実現していなかった。それぞれの強みが平等に嚙み合い、テクノロジー、哲学、観客、目標という形で互いにすばらしい貢献をした。全体的には、**それぞれが自力で作り出すものとはまったく異なる、新しいものとなった。**

その結果、フリーフォールの世界記録が樹立され、新しいテクノロジーが開発され、世界の数百万という人がその映像に刺激を受けた。

業界の人はとにかく「反対」する——「経験の長さ」がそうさせる

いくつもの会社を立ち上げてきた起業家のスティーブ・ダウンは、業界を再編するような、個性的なコラボレーションを作るのに長けている。

2015年、ダウンは「イーブン・スティーブンス」というレストランチェーンを始めた。このアイデアは、靴が1足売れるごとに困っている人たちに靴を1足寄付する靴メーカー「トムズ」からヒントを得たものだ。イーブン・スティーブンスでは、サンドイッチがひとつ売れるごとに、その地域でお腹を空かしている人にサンドイッチがひとつ、無料で提供される。

ダウンがこのアイデアを思いついたとき、友達やレストラン業界にいる人たちに、どう思うか聞いて回った。しかしその反応にダウンはすぐに落胆してしまった。

レストラン業界は、利幅が薄く、予算も少ない。利益を挙げているレストランは非常に少ないのに、新しいレストランならなおさらだ。では、新しいコンセプトを成功させながら、お腹を空かせている人たちに毎月たくさんのサンドイッチを無料で提供するには、どうしたらいいのだろうか?

もしダウンがレストラン業界を長く経験していたら、おそらくイーブン・スティーブンスを立ち上げようなどとは思わなかっただろう。 イーブン・スティーブンスは、この業界のあらゆる習慣やルールに反していた。しかしダウンはまったく違うバックグラウンドを持っていたため、事業の立ち上げや拡大についてまったく違う概念や戦略を持っていた。

バックグラウンドが金融業界だったこともあり、ダウンは時間をかけて試算をした。地元の非営利団体のいくつかにも会い、最終的に「地域社会にポジティブな影響を与える、社会的意識の高いレストランを立ち上げても、利益を挙げられる」との結論に達した。

ここ3年で、イーブン・スティーブンスのレストランはユタ州、アイダホ州、アリゾナ州の3州に15軒以上出店している。**こうしたレストランのほぼすべてが、開店から30日以内に黒字**になった。

各店は、近隣の非営利団体と提携。サンドイッチからの収益の一部を非営利団体に提供し、その団体はそのお金を使い、地元でお腹を空かせている人たちに食べさせる分のサンドイッチを大量に購入する。儲けも出るうえに、公正なシステムだ。また、営利目的の組織と地元の非営利組織による非常に個性的なコラボレーションでもある。

ダウンによると、サンドイッチが最高の品質でないと、イーブン・スティーブンスのコンセプトは機能しないという。**サンドイッチが良いものでないと、消費者はすべてが巧妙なごまかしだと思ってしまうから**だ。そのため、カジュアルに食べられるファストフード向けに世界レベルの強力なメニューを開発するべく、ダウンはかなりの事前調査を行った。

力を貸してもらうため、この分野に非常に強く、評価されているシェフを雇い入れた。ダウンは、お客さんに来てもらうために、個性的で称賛に値するようなコンセプトにしたいと思ったし、食べ物でお客さんを驚かせもしたかった。

結果、イーブン・スティーブンスは、オープンして最初の3年間、ユタ州全域で最優秀レストラン賞や最優秀サンドイッチ賞を次々と受賞した。

「一匹狼」タイプの致命的弱点

ひとりでできることは少ない。一緒でなら、たくさんのことができる。

――ヘレン・ケラー（アメリカの社会福祉活動家）

他のみんなと同じルールに従って行動していたら、結果は平均的なものになる。他のみんなと同じ本を読んでいたら、個性的な概念を発展させることはできない。

言い換えれば、自分の環境のルールを再編するような、新たなつながりを作り出すことはできないだろう。

とはいえ、**一匹狼の気質がある人は、そこまで多くの仕事をこなすことはできない**。そのため、自立することを目標にしてはいけない。目指すべきは、「持ちつ持たれつの関係」と「相乗効果」だ。

自力で思いついたアイデアは興味深いかもしれないし、ひょっとしたらものすごい名案かもしれない。しかし、様々なバックグラウンドや業界の人たちと広くコラボレーションしたときに浮かぶアイデアは、自分が今手がけていることのルールをがらりと変えてしまう可能性を秘めている。とくに、特定の業界ですでに大成功を収めている人と個性的なコラボレーションを作り出すとき、自分の目標の10倍、100倍を達成できるのだ。

自分とは根本からまったく違う経験やスキル、視点、多様なバックグラウンドを持つ人たちとコラボレーションをしないのなら、世界を変えるほど大胆で特別な関係を作り出す可能性は、非常に低くなる。

ほとんどの人は、自分と似たようなレベルの人たちと競争し、自分と似たようなバックグラウンドを持つ「同じ分野の人」とコラボレーションしている。しかし、自分の庭から出ない限り、世界観も周囲の人たちとあまりにも似通うため、既存の規範を壊すことはできない。

しかしほとんどの人が「自分が最も正しい」と思う

ハーバード大学の心理学者だったロバート・キーガンによると、**ほとんどの人は「環境順応型の自分」から「自己主導型の自分」へと成長していく。**

環境順応型の自分とは、完全な依存状態だ。この段階にいるとき、あらゆる行動は恐怖や不安を避けるために計算されたものとなる。「他人から期待されているだろう」と自分が思う行動だけを取る。

反対に、「自己主導型」とは自立の状態だ。意識の進化においてこの段階では、考え方はより複雑になる。この段階にいる人はこれまで、目標、計画、課題を自分で決めてきた。そのため、すべての行動は、決めた課題をさらに突き進めるためのものとなる。

たとえば人間関係は、自分の目標にさらに近づくための手段になる。特定の人間関係がもはや自分の課題の役に立たないなら、その人間関係を切り捨てる。これは、自己啓発の多くが推奨する考え方だ。自己主導型の人は、自分が他の人たちより優れており、すばらしいと信じ込んでいる。自分自身の物語を、自分のために描きたいと考えている。

これは確かに、何も考えずにただ物事に流される生き方よりもずっといい、ずっと勇気がもらえる考え方であることは間違いない。

しかし残念なことに、**「自己主導型」や「自立」といった考え方の大きな難点は、自分自身の精神的なフィルターを通してしか物事を見ることができないという点**だ。

そして多くの場合、自分が立てた計画や目標は理想の形ではない。それでも、特定の目標を達成させるのにやっきになっているため、自分の計画に矛盾する情報や無関係に見える情報は、拒絶したり無視したりしてしまう。さらに、**自分のフィルターこそが客観的な**

現実だとか、実世界のあり方だと信じている。

成功例が「いつまでも正しい」と思い込む

キーガンはさらに、意識の進化における第3段階である **「最終段階」** について説明している。

精神的に複雑なこの段階に到達できる人はほとんどいない。依存から自立への移行は、自立より先へ行くよりずっと簡単であり、ほとんどの人は〝成功〟という境界線を越えることはなかなかできない。

キーガンがいう第3段階とは、**「自己変容型」** の自分だ。この **最高段階にいる人は、世界観を持ってはいるが、そこに自分が「一体化」しているわけではない**。自分の精神的なフィルターと距離を置くことができ、実際に外から見ることもできる。自分のフィルターと他人のフィルターを比べ、違いを認識することもできる。

自己変容型の段階では、立場、分析、課題のどれにも価値を置き、注意を向けている。それに応じて、自己変容型にいる人は、学びやフィードバックにもオープンで、自分の取り組み方を常に調整し、向上させようとしている。「正しいこと」は、それを体現した

「正しくいること」よりもずっと大切だ。何が正しいかは、その時々の状況によって変化する。

昨日正しかったからといって、今日もそれが正しいとは限らない。自己変容型にいる人は高い順応性を持ちつつ、目的意識もしっかり持っている。そのため自己主導型の人と同様に、自分が行きたい場所への地図を持ってはいるが、もっと優れた情報をもとにこの地図を修正、拡大、もしくは完全に方向転換することも受け入れる。

特定の成果を出そうと執着するのではなく、最高の成果を常に期待するのだ。

「自己啓発商材」の目論見と誤算

自己主導型の段階から自己変容型へと脱却して初めて、コラボレーションの利点を意識的に経験できる。

実際に、**自己主導型の段階にいるときには、自分の成功は自分だけの力だと考えており、そのため自分の考え方すべて、自分が追いかけた目標すべてだが、自分の環境によって形作られたものだという事実を知らないままだ。**

自己変容型という見通しのきく立場から見ると、ひとつの視点からでしか物事を見ないのは、無知であるうえ、負の制約があるように思える。

それがいかに高機能のものであれ、画像フィルターがひとつしかなく、ひとつのパターンでしか物事を見られないのにはマイナス面がある。常に変化している世の中ではなおさらだ。

さらに、「自立の段階」から前に進めないとき、個人としての進化の深みや幅も成長しなくなってしまう。自分よりも経験豊かで、専門知識を持つ人とのコラボレーションもしない。自分が何を求めているかに固着しすぎ、それ以外のものが見えなくなってしまうのだ。皮肉なことだが、エゴのせいで、自分のポテンシャルを発揮できない。

自己啓発を目的とした商品の中で、自己変容型に到達できるとしているものは、可能性を示す程度も含めてはとんどない。個人主義的な考えにおいてはほとんどが、〝競争〟や〝自立〟が第一の目標になっているのだ。自己啓発商材が、より文脈的に高いレベルで物事を教えない理由は簡単だ。私たちの社会は今、かなり個人主義に寄っている。個人に焦点を絞って、執着しているのだ。

この視点から見ると、国としてアメリカは今、崩壊の危機にある。アメリカはもはや、ひとつにまとまった存在ではない。自分たちが作り出した環境をまったく認識していない、「孤立した個人」の集まりだ。無意識のうちに、今や環境が私たちを形作っている。

「欧米式」のデメリット

それぞれの環境やそれぞれの業界は、様々なルールのもとで動いている。こうしたルールは、鉄壁というわけではない。重力のような自然界の法則でさえ、抑え込み、巧みに操ることができる。科学者、イノベーター、起業家は常に「伝統的」なルールを打ち破り、新しくもっと良いものに代えてきた。こうすることで、革新と進化がうまく機能する。ある環境のルール、構造、規範の枠組みを変えるのだ。

世界中で、「自立」への大きな流れが存在する。これは主に、欧米の個人主義への執着からきている。東洋的な視点とは対照的に、欧米の文化では自己を、周囲から切り離された自立したものと見ている。

この視点は勇気をもらえるものではあるものの、単純すぎるし間違ってもいる。テクノロジーの進化により、世界が互いに持ちつ持たれつの関係であるというのは、これまで以上に明白になってきた。私たちは誰もが、個人、社会、世界のレベルで互いに頼り合っているのだ。

自立を目標とするべきではない。理由は簡単で、あなた個人の世界観はあまりにも小さく、狭すぎる。あなたの意図は刺激的で利他的かもしれないが、あなた自身の意図だけに限定されている。自分の意図を、他の人たちや他の組織のものと組み合わせれば、それは変化する。今の自分では理解できないような形で、拡大と変化を遂げるだろう。

というのも、**「アイデア」と「人」という組み合わせは、独創的で新しい何かを実際に作り出す唯一の方法**だからだ。

「自立」という蔓延したイデオロギーを乗り越え、「持ちつ持たれつの関係」と「前向きに変化を起こす人間関係」を完全に受け入れる意思があるならば、自分の利益ばかりを優先する考え方の競争相手を打ち負かすのみならず、あなたが今いる場所のルールや枠組みさえも打ち砕くチャンスがある。

あらゆるイノベーターは、特定の業界におけるルール、規範、対話の枠組みを変えたいと思っている。というのも、**物事がどれほどうまくいっていようと、さらなる改善はいつだって可能**だからだ。そしてシステムを改善すると、そのシステムに沿っているあらゆる人（競争相手も含む）の人生をも改善することになる。

あなたが競争相手のために環境を強化すると、相手は今よりも高いレベルで考え、行動を起こし、生きざるを得なくなるのだ。それによりあなた自身も、さらに一歩高いレベルへ行かざるを得なくなる。こうして進化が起こるのだ。

14章

「古巣」は偉大
家系・創業史・ルーツ……歴史を知る人ほど有能な傾向

フィオナ・ムテシはウガンダのチェスプレイヤーだ。1996年、首都カンパラ最大のスラム街、カトゥエで生まれた。

フィオナは、貧しいという言葉では表し切れないような環境で育った。原付バイクを持っていれば、裕福だと見なされるような場所だ。このスラム街で暮らす人の多くは、物などほとんど所有しておらず、教育を受けた人も非常に少ない。大抵は肉体労働をして生活している。

9歳のとき、フィオナは学校を辞めた。母親はフィオナを通学させ続けることができなかったのだ。それからフィオナは毎日、道ばたでとうもろこしを売って生計を立てた。

「スラム街」をなかったことにしない

2005年のある日、とうもろこしを売ろうと兄の後ろについて町を歩いていると、スポーツを通じてキリスト教の布教活動を行う、アメリカのバージニア州に本拠地を置く非営利団体「スポーツ・アウトリーチ・インスティチュート」が運営する学校に行き着いた。学校は無料で食事を配っており、チェスのレッスンも無料で行っていた。フィオナと兄は食事をもらおうとしたのだが、フィオナはすぐに、学校で男の子たちがプレイしていたチェスの虜になった。

フィオナと兄はチェスをするために定期的に学校へ行くようになった。フィオナはチェスが大好きになり、夢中になっていった。文字を読めなかったため、複雑な手を覚えるのはフィオナには無理だろうとスタッフは思っていた。ところが、やがてフィオナはチェスの持つ深い要素をかなり理解できるようになり、まもなく、他の都市に住む、お金持ちで訓練を積んだプレイヤーさえも負かすようになった。

そのうちに、フィオナはスラム街を飛び出し、もっと裕福な人生を経験できるようになった。良質な食事や服、快適な睡眠環境――こうした経験で、フィオナは変わった。成功の階段を上り始め、名前が知られるようになると、もはやスラム街の単調な仕事では飽き足らなくなっていた。フィオナの心は広がり、人生にもっといろいろ求めるようになった。

フィオナは長い間、実家との連絡を絶っていた。まるで、今の殻よりも成長してしまったロブスターが、脱皮して新しい殻を作る前の状態のように、むき出しになったようにも感じただろうし、自分がよそ者であるかのようにも感じただろう。

環境を変えた結果、フィオナは大成功を収め、ウガンダ屈指のチェスプレイヤーになった。まさに進化し、制約のある環境を乗り越えて、さらなる広がりを持つパワフルな環境を作り出すことができたのだ。

とはいえ、経験を経て変わっていったにもかかわらず、**フィオナは自分の原点、そしてその周囲にいた人を決して忘れはしなかった**。その人たちに対して、自分のほうが偉いなどとは考えなかった。

しかし一方で、家族を安心させるために自分を家族の水準に合わせて下げることもしなかった。成功した後は、スラム街で生活していたときよりも高い水準で生き、家族を自分のいるところまで引き上げたのだ。フィオナは自分自身の環境を変え、その後、愛する人たちの環境も変えた。自分の出身のせいで、歩みを止めるようなことはしなかった。

「家族の歴史」を知ると有能になる

作家ブルース・ファイラーが2013年にニューヨーク・タイムズに寄稿した記事によると、**家族の歴史につながりを感じるという行為には、大きな影響力がある**可能性がある。記事の中でファイラーは、1990年代後半に心理学者マーシャル・デューク博士とロビン・フィバッシュ博士が行ったある調査について書いている。

2人は、なぜ家族の崩壊が増えてきたのか——具体的には、「崩壊を防ぐために家族ができることは何か」を調べたいと思った。興味深いことに、デューク博士の妻で同じく心理学者であり、障害のある子どもたちを相手に仕事をしているサラは同じ頃、奇妙なことに気づいた。**「自分の家族についてよく知っている子どもたちは、困難に直面したときにうまく対処できる傾向がある」**とサラは夫に話した。これはなぜだろうか？

このたったひとつの洞察がきっかけで、デューク博士とフィバッシュ博士は「家族について思い出す」ということについて詳しく調べることになり、最終的には、20の質問を尋ねる心理測定法を作り出すに至った。調査で用いられる質問には、次のようなものがある。

「祖父母が育った場所」を知っていますか？

お父さんとお母さんは「どの高校」に行ったか知っていますか？

両親が「どこで出会ったか」知っていますか？

家族の中で、「誰かが病気になったことがある」とか、「何か大変な過去があった」などについて知っていますか？


多くの子どもや家族を対象に調査した結果と、同じ子どもたちが受けた数多くの心理テストを比較した結果、デューク博士とフィバッシュ博士は、驚くような結論を導き出した。**家族の歴史をよく知っている子どものほうが、自分の人生をコントロールする能力がはるかに高い**というのだ。自尊心もずっと高く、家族やその歴史についてずっと健全な意識を持っていた。これは、子どもの情緒の安定や幸福感について、かなり正確に予測できるとわかった点で非常に重要な発見といえる。

子どもなら「自信感」が育まれる

この調査は、2001年のアメリカ同時多発テロ事件の直前に行われた。

デューク博士とフィバッシュ博士は事件後、この調査に参加した子どもたちを再び評価することにした。結果は疑う余地がないほど明らかだった。デューク博士はこう話す。

「ここでも、**自分の家族についてよく知っている子ほど回復力があり、つまりはストレスからの影響を和らげられることが証明**されました」

デューク博士は興味深いことに、家族は概して、自分たちについて次の3つのうちひとつの物語を語ることに気づいた。

まずは**「上昇の物語」**だ。そこでは、ひとつの世代から次の世代へかけて、家族がどれだけ成し遂げたかを語る。たとえば、「うちの家族は、何も持たずにこの国へやってきた。あなたのおじいさんは、高校さえも出ていなかったんだ。私たちが今どれほどまでになれたか、見てごらん」

2つ目は**「下降の物語」**で、そこでは家族がかつてどこにいたか、そしていかにして物事が立ちいかなくなってしまったかを語る。

そして3つ目であり、もっとも多いのは**「山あり谷ありの物語」**で、家族は自分たちの浮き沈みについて語る。

デューク博士によれば、自分のバックグラウンドを知っているということは、「自分よりも大きな、家族という組織の一部であるという感覚」を与えてくれる。子どもは、はっきりした「世代を超えた自我」、つまり、自分は「自分よりももっと大きい何かの一部」

であると知っているとき、もっとも自信を持っていられるのだ。

「創業の歴史」を知った従業員は意欲的になる

会社経営の専門家、ジム・コリンズによると、**家族や企業などどんな形であれ、組織は自分たちの起源の物語とつながっているときに、もっともうまくいく**。宗教団体やアメリカの軍隊などでも同様に、その組織の出発点を常に強調して、人間としての主要な欲求、つまり「自分よりも大きな何かと関わりたい」という欲求をうまく活用している。伝統とは、自分たちの歴史を記憶にとどめておくために作られるのだ。

デューク博士は、両親も子どもに対して同じように、自分史への深い思いを植えつけるよう勧めている。家族で休暇に行く、または定期的に家族として何か決まったことをするなどの恒例行事を作ることは、子どもの発育と人生での長期的な成功に、非常に健全な効果をもたらす。子どもが成長して大人になったときに同じことを続けなかったとしても、家族との歴史という感覚を持ち続ける。

これは、自分自身にどう当てはめられるだろうか？

「自分の原点」を忘れてはいけない。それだけでなく、自分の歴史やルーツについて、もっと詳しく知ろう。ここでも、あなたは周囲の状況から切り離された存在ではないということがいえる。

私たちは「巨人の肩の上に立っている」――つまり、先人が積み重ねてきたものの上に存在しているのだ。たとえそれがすでに他界している家族であれ、誰かについて深く知れば知るほど、その人への愛と共感が深まるだろう。自分の歴史を感じれば感じるほど、自分の人生をもっとコントロールできる感覚になる。自分の周りにある状況とつながればつながるほど、もっと健康的になれるだろう。

当然ながら、自分の歴史を学ぶからといって、同じ歴史を繰り返さなければいけないわけではない。あなたは前の世代の人たちより進化できるはずだし、するべきだ。あなたは固定された存在ではないし、「生まれ持った本質」に制約されてもいない。自分の環境を変えていく中で、あなた自身も変われることに変わりはない。

人類を生んだ「歴史」と「巨人」

私の最近のオンライン記事が多く読まれたことを知った親戚が、ある夜、テキストメッセージを送ってきた。「自分の仕事にも言葉にも、ずいぶんと確信を持っているね。その自信に拍手を送るよ。ただ、アドバイスしておく。どれだけ称賛されても、本当の自分を忘れてはいけないよ」

このテキストに、私はまったく驚かなかった。**「人は固定された、変わらないものだ」という思い込みは非常によくあること**だ。高校のときの自分は、そのままずっと変わらない、と。生まれたときの自分が、死ぬときの自分だ、と。

私は親戚に、「本当の自分が何であるか」という考えは、あなたと私とでかなり違う、と書いて返信した。私は、自分が不変だとは思っていない。かつて閉じ込められていた環境に、今も縛られているわけではないのだ。今の私は違う何かを選び、変わることを選ぶ。そして進化や変化を決して止めないだろう。

それでも、自分の原点を尊重し、絶対に忘れないことは非常に大切だ。

あなたにも同じことがいえる。

あなたがどれほど「成功」または「進化」したか（または自分がそう思っているか）によらず、それのせいでうぬぼれたりしないことが非常に大切だ。

もしかしてあなたは、ほとんどの人がまったく知らない、非常にレベルの高いルールに従った行動を学ぶかもしれない。

あなたにとってのいつもの環境は、ほとんどの人にとってはまったく手が届かない夢かもしれない。あなたの仕事は、多くの人に影響を与えるものかもしれない。自分が手がけたことすべてに満足して、誇りに思っているかもしれない。

しかしながら、本書のコンセプトを真剣に受け止めるならば、**成功したのはあなたのおかげではないと気づくはずだ。あなたは、常に変わりゆく環境の産物**なのだ。

どの世代の人たちも、自分たちが生きている新しい社会のルールはあって当たり前だと思っている。

たとえば、今の時代の子どもは、スマートフォンやインターネットがない世界など理解できない。しかし本当にこれが意味するところは、この子たちが何をできるかは環境のおかげだということだ。彼らの世界観は、住んでいる環境によって形作られている。この子たちを取り巻いている世界を作り出すために多大な犠牲を払った巨人の肩に、彼らは立っているのだ。

同じように、あなたも巨人の肩に立っている。「あなたがこれまで直面した困難」「お世話になったメンター」「あなたが今住んでいる世界を作ってくれた多くの人たち」、そうしたものなしには、今のあなたはなかっただろう。

自分の成功は自分の力のおかげに他ならないと信じるとき、心理学でいうところの「根本的な帰属の誤り」を犯してしまう。成功は、自分に起因するものと捉えてしまうのだ。

自分がすごいから「出世」するわけではない

あなたの成功は、あなたの環境なしにはその形で起こることはあり得なかった。あなたを作ってくれたのは状況であり、数え切れないほどの人たちだ。

起業家のマイケル・フィッシュマンはこう話す。

「**『自力での出世』なんて見当違いだ。**あなたが今日手にしている人生は、たくさんの人たちが神聖な役割を果たしてくれたおかげだ。どれだけ感謝しているか、その人たちに必ず伝えよう。たとえば、あなたの配偶者やビジネスパートナーを紹介してくれた人を、さらに紹介してくれた人。そこまで遡ろう」

あなたの成功はあなただけの力ではないため、常に謙遜し、感謝しているべきだ。

生まれてきたのはあなたの力ではないし、インターネットを作ったのもあなたではない。親やメンターもあなたが作り出したわけではない。

今あなたが手にしている様々な特権は、あなたが犠牲を払って手に入れたものではない。そしてあなたは、ものすごい数の特権を手にしている。

こうした特権は、土台として使うためのものだ。利用しよう！　活用しよう！　とはいえ、**自分はそれを作っていないということを、決して忘れてはいけない。**

「進化」とは決して、他の人、とくにネガティブな結果を常に出すようなルールに沿って生きている人たちよりもあなたが優れているという意味ではない。あなたが流動的で固定されていないのと同じように、他の誰もがそうなのだ。

他の人よりも自分に価値があるなどということはない。**絶対的価値を持っている人などはおらず、私たちは誰もが、自分の周囲に何があるかによって変わる、相対的存在**なのだ。今あなたの立場にいない人でも、あなたを形作った周辺環境を持っていれば、あなたのようになれる可能性はある。

他の人たちが今以上に何かをうまくこなせないとか、何か以上にはなれないなどと考え、「根本的な帰属の誤り」を起こすようなことはどうかしないでほしい。その人たちは、その人たちがいる状況によって形作られてきただけなのだから。

あなたができる最善のことは、自分を見るように他者を見ることだ。あなたは変われるし、無限の可能性と柔軟性を持っている。そして他の人たちも同じだ。

その人たちを、そのように扱おう。もしその人たちが、あなたの個人的なルールにはそぐわなかったとしても、彼らを受け入れよう。そして、彼らの環境のルールを変えられるような人物になれるように、あなたの残りの人生を使ってみよう。そうすることで、あなたがそうしてきたように、彼らもまた前に進み、高みに上っていけるのだ。

10年間の研究の結論
もっと効果的に、永続的に、自分を変えるには

ここ10年、私はいかにして人間が変われるかについて研究してきた。この研究はもともと、スピリチュアルな視点から始まり、大学での勉強そして心理学者としての博士号の研究の間も続いた。私は現在も、求める変化をもっとも効果的かつ永続的に起こすにはどうすればいいかを研究し続けている。

本書は、包括的な学術書のつもりで書いたものではない。そうではなく、自分が望む変化を効果的に起こすための戦略を、手軽に提供しようとしたものだ。

本書をここまで読んだということは、あなたはきっと、何か大きなものを求めているに違いない。自分にとって最高の目標や大志に沿った生き方をしたいと。自分の人生をコントロールしていると感じたいし、強烈な経験を通じて変わりたいと。

かなり多くの視点から見て、意志力は自己改革に効果を発揮する取り組み方ではないということを、私は心から自信を持っていえる。スピリチュアルの視点からいえば、私なら

自分の意志力よりも、高次のパワーに頼るだろう。モチベーションの視点からいえば、意志力よりも「なぜ」が持つパワーに頼ると思う。行動科学の視点からいえば、目標の価値を高めてくれる環境に、意志力をアウトソースすることだろう。

意志力は、表面的なレベルでなら使えるだろうか？　もちろんだ。しかし**表面的なところで終わるなら、だ**。もし意志力を使って理にかなった結論を導きたいのなら、うまくはいかないだろう。その人は結局のところ必ず、自分の環境に適応せざるを得なくなるか、環境をガラッと変えざるを得なくなるはずだ。

もしその人が頑なに意志を貫き通そうとするのなら、この先の人生ずっと、意志力を使った大変な取り組みを続けるかもしれない。しかしそれでは他のすべてが犠牲になってしまうし、その人は心の中で葛藤し、病気やストレスを抱え、孤独になってしまうだろう。そして、環境に屈服してしまうのだ。

悲しいことに、多くの人がこの道を通る。環境の力を使って自分の価値観に沿った生き方をする代わりに、ほとんどの人は意志力を使おうとし、結局、目標に相反する低いレベルの環境に落ち着いてしまう。

私が本書を書いた主な理由は、あなたは変われるのだと証明したかったからだ。あなたは、固定された存在ではない。むしろ流動的だ。実のところ、あなたはかなり劇的に変わることだってできる。今すぐ変わることもできるのだ。しかしもし自分だけに焦点を定めていたら、こうしたことは絶対に実現できない。自分を一番強力に変える方法は、自分の外にある環境を活用することだ。環境を変化させれば、自分が変わらざるを得なくなる。

「ゲーム・PC・マウンテンデュー」漬けから脱出した

私は11歳のとき、両親が離婚した。高校はなんとか卒業したが、その年はほとんどビデオゲームをして、パソコンの画面ばかり見て過ごしていた。食事といえば宅配ピザとマウンテンデューだけ。こうした環境には、心の中では納得していなかったが、私はその環境に作り上げられた産物になっていた。人生の辛酸を嘗《な》めながら、私はそれを受け入れるようになっていた。「人生なんてこんなもんさ」と自分に言い聞かせながら。

20歳も間近というとき、この環境から徐々に離れようと決意した。まずは、週に何度か夜中にひとりでランニングすることから始めた。

1日のスケジュールはそんなに変わらなかった。睡眠とビデオゲーム。しかし週に何度か入れていたランニングが、私を変え始めた。自分の環境にあるトリガーや感情の外に出て走るようになったおかげで、はっきりと物事を考えられるようになったのだ。

また、自分が自分に作っている人生について考えることもできた。求めてもいない人生に、自分を適応させてしまっていることにも気づけた。自分は何者になりたいのか、どんな将来を求めているのか、考えることもできた。

半年ほどランニングを続け、2007年にフルマラソン大会に出場するに至った。そして20歳の誕生日直後の2008年1月、それまでいた場所から出ることを決めた。家を出て、新しい自分として、新たに出発する必要があった。**もし家に居続けたら、完全なリセットはできない**とわかっていたからだ。

私は、国の反対側にある教会のプログラムで職を見つけた。友達、家族、消耗してしまうようなゲーム、そしてインスピレーションを与えてくれたランニングともお別れした。

ここでスイッチがパチンと入った。

「親」になって職業観が大きく変わった

新しい環境と役割の中で、私は誰であれ、なりたい自分になれた。**私が何者かなんて知っている人はいなかったのだ**。2年の間、私の役目は、途絶えることなく他の人たちに手を貸すことだった。その人たちの多くは、私よりもずっとひどいバックグラウンドを持っていた。この仕事に加え、私は何時間も本を読み、ジャーナルを山ほど書いて過ごした。勉強しているうちに、いつかライターになろうと決意を固めた。

22歳になって実家に戻ると、私はもう過去の環境には合わなかった。私は別人だったのだ。しかし留守にしている間、あまりにも多くのものが何も変わっていなくて驚いた。

私は、学校と仕事、そしてできるだけ多くの本を読むことに没頭した。新たに見つけたビジョンとスキルをもって、大学を3年で終え、ローレンと結婚し、そして2014年、とある有名な博士課程に入学を認めてもらえた。この間、どうすれば質の高いメンターを見つけて、その人との関係を最大限に活かせるのかを学んだ。

2015年1月、博士課程を始めて4か月経ったころ、ローレンと私は里親として承認され、3歳、5歳、7歳の3人きょうだいを受け入れた。過酷な環境で育った子どもたちの親になるのは、私たち夫婦にとって大変革といえる経験だった。

5年以上も、プロのライターになりたいと思い続けていたが、私の人生はまるで雪の中で身動きが取れなくなったトラックのようだった。前進するための摩擦がまったくなかったのだ。

里親になったのはまるで、トラックの荷台を木の枝でいっぱいにするようなものだった。**いったん「責任」という負担を受け入れたら、すぐに切迫感を感じるようになった。**

当時は、授業料を払うため、そして4人の家族を養うために学内で働いていたが、私はその仕事が正直にいうと大嫌いだった。

しかし、父親であり一家の大黒柱であるという新しい状況が作り出したモチベーションのおかげで、私は大学での仕事をやめ、自分の執筆の基盤を築くための時間を捻出する勇気が持てた。収入的には後退することになるが、自分のキャリアへの長期的な投資になると信じた。2015年の春、私は仕事をやめてオンラインで執筆を始めた。

ライターとして自分が成功できることを疑ったことはなかった。才能があるからなどではなく、**成功せざるを得ない状況**だったからだ。妻と子どもたちは私を頼りにしている。

またそれだけでなく、自分の持つ情報は今の世の中に大きなニーズがあると思っていた。誰もが、とてつもない可能性を秘めている。もし他の人たちを手助けするために私にできることがあるのなら、私はぜひしたいと思う。そのニーズは、かなりある。

「自分で決めた場所」で効果がはっきり見られる

自分の話をここに書くのは、本書に書いた原則には効果があると証明するためだ。

あなたは変われる。しかし環境を変えなければいけない。

自分のレベルをアップグレードする準備ができるたびに、自分の環境を変え続けていかなくてはいけない。

あなたの人生で今後ずっと、それがパターンになってくれれば、と私は願う。進化を止めてはいけない。経験や人間関係を通じて、大きく変化することを止めてはいけない。


あなたにはできる。

どこにいても、何に取り組んでいても、過去に何があったのだとしても、あなたは変われる。**しかし自分の外の世界を今のままで変えないのなら、変化を起こすことは決してできないだろう**。そう断言できる。

私はこれまで、変わろうとしつつ苦しみもがく人たちの姿を見てきた。苦しむのは、すべてのプレッシャーを自分にかけているからだ。そんな方法ではうまくいかなかったし、いくはずもない。

環境を変えると、あなたも変わる。しかしその環境は「あなた自身」が選ばなくてはいけない。誰かがあなたのために環境を変えてくれたのであれば、長期的にそこに適応できる可能性は低い。**あなたは環境の産物だが、その環境はあなた自身が積極的に下した決意でないといけない**。そうでなければ、流されて生きていくことになる。

心の準備はできているだろうか？

謝辞

本書は、数え切れないほどの人たちの協力なしには成り立たなかった。メンター、教師、家族、友達から受け取った協力のすべてに感謝したい。

とくに、このすばらしい人生を与えてくれ、常に私とともにいてくれる神に感謝する。

妻のローレンには、夢を生きさせてくれたことと、永遠の友でいてくれることに。より良い人間になれるよう毎日私に挑んでくれる子どもたちに。

母と父、スーザン・ナイトとフィル・ハーディ、兄弟のトレバーとジェイコブには、インスピレーションを与えてくれ、無条件の愛を注いでくれることに。

義父母のケイとジャネイには、私がライターとしてのキャリアを築く間に与えてくれた愛と金銭的なサポートに。

出版社アシェットの編集者ミシェル・ハウリーには、Medium.comで私の著作を見つけてくれ、チャンスを与えてくれ、本書を作り上げるのに手を貸してくれたことに。

ライアン・ホリデーには、彼が書いたインスピレーションに溢れた本と、本書の企画書やエージェント探しに手を貸してくれたこと、そして本書の制作からマーケティングに至るまで手助けしてくれたことに。

ジミー・ソニには、本書の編集面でのアイデアと手助け、2年間で提供してくれたすべてのサービス、そして誠実でいてくれたことに。

エージェントのレイチェル・ボーゲルには、私が堅実なキャリアを選択するのに手助けしてくれたこと、そして心の支えとなってくれたことに。

修士課程の研究指導者、シンディ・ピューリーには、忍耐強く、理解を示してくれたことに。私はよくいる学生でもなければ、理想的な教え子でもなかったのは自覚している。あそこまで配慮してくれる、あれほどの指導者は他にいなかっただろう。

ジェフ・ゴインズには、私がライターとしてのキャリアを築く際に与えてくれた指導と友情に。

リチャード・ポール・エバンスには、執筆活動と人生を指導してくれたことに。

ジーニアス・ネットワークのジョー・ポーリッシュと彼のチームのみんなには、私の成功に驚くほど寛大で、多くを与えてくれたことに。

ジョエル・ウェルドンには、より良い講演者になるために、強力かつ見事な協力をしてくれたこと、そして人生が変わるほどのチャンスを非常に気前よく与えてくれたことに。

命の恩人ともいえるJRには、本書のタイトルをつける手助けをしてくれたことに。ネイト・ランバートには、執筆スキルを伸ばす力を貸してくれたこと、そしてそれ以来ずっと親友のひとりでいてくれることに。

ジェフリー・リーバーとブレント・スライフには、大学在学中に教えてくれたことに。2人は私の物の見方を変えてくれ、本書の多くは彼らから学んだことをもとにしている。

マイケル・バーカー、ジェイン・クリステンセン、ブライアン・クリステンセン、マット・バーロウ、スティーブ・ダウン、ウェイン・ベック、アラン・バーンズとリンダ・バーンズ、ミリンダ・コール、リッチー・ノートンには、サポートしてくれたことと家族でいてくれたことに。

そしてここに個別に書き切れなかったまだまだたくさんの人たちに、ありがとうとお伝えしたい。恐縮しつつ、感謝している。

最後に、私に刺激を与えてくれた本を書いたすべての作家たちに感謝したい。

【著　者】

ベンジャミン・ハーディ（Benjamin Hardy）

組織心理学者、著作家、起業家。
クレムソン大学大学院博士課程修了。ブログ・サービス「Medium」で多くのフォロワーを持ち、そのネット上のプレゼンスと影響力は、『フォーブス』『サイコロジー・トゥデイ』『フォーチュン』などで取り上げられた。心理学専門誌の電子版「サイコロジー・トゥデイ」などに寄稿中。現在、アメリカのフロリダ州で妻のローレンと５人の子どもたちとともに暮らしている。

【訳　者】

松丸さとみ

フリーランス翻訳者・ライター。
学生、日系企業駐在員として英国ロンドンで６年強過ごす。著書に『世界は犬たちの愛で満ちている。』（泰文堂）、訳書に『限界を乗り超える最強の心身』（CCC メディアハウス）、『自分に自信を持つ方法』（共訳、フォレスト出版）、『マインドフルネスを始めたいあなたへ』（星和書店）などがある。

FULL POWER
科学が証明した自分を変える最強戦略

2020 年 1 月 10 日　初 版 発 行
2020 年 1 月 30 日　第３刷発行

著　者　ベンジャミン・ハーディ
訳　者　松丸さとみ
発行人　植木宣隆
発行所　株式会社サンマーク出版
　　　　東京都新宿区高田馬場 2-16-11
　　　　電話　03-5272-3166
印　刷　中央精版印刷株式会社
製　本　株式会社若林製本工場

定価はカバー、帯に表示してあります。落丁、乱丁本はお取り替えいたします。
ISBN978-4-7631-3800-2 C0030
ホームページ　https://www.sunmark.co.jp